2050年
超高齢社会のコミュニティ構想

若林靖永・樋口恵子……編

2050年
超高齢社会の
コミュニティ構想

岩波書店

目次

カバー装画・本文イラスト　佐川ヤスコ

はじめに

藤井晴夫

「確かな未来」――超高齢・少子・人口減少・単身社会、そして元気な高齢者

二〇五〇年という長期的な問題設定をすべきであるという強い問題意識は、「確かな未来」が予測されているからである。三五年先のことで不明な点がほとんどであり、多くのことはこれからの私たちの選択にかかっている。そのなかで「確かな未来」として言えること、それは人口の視点から見た未来である。

具体的には、二〇五〇年、①総人口は一億人を割り込み九七〇八万人。人口は今より二割以上減少する。一〇〇人集まれば一九歳以下が一三人、二〇―六九歳が五五人、七〇歳代が一六人、八〇歳以上が一六人、実に三人に一人(三二%)が七〇歳以上の「超高齢社会」である。②生まれてくる赤ん坊(五六万人)より百寿者(七〇万人)の多い時代、③ほぼ五人に一人(一八%)が「七〇歳超のおばあさん」の時代。[1] ④世帯構造の中で最大シェアを占める約四世帯に一世帯(二三%)が六五歳以上のおひとりさま世帯、若年層を含めればおひとりさまが世帯構造の四二%を占める「単身社会」になる。[2] ⑤生産年齢人口(将来の定年延長と大学進学率がすでに軽く五〇%を超えていることを考慮し、二〇―六九歳とした)が総人口の五五%に低下する一方、⑥実数値で見ると八〇歳代は今の一・六倍、九〇歳以上は三・八倍にな

る。そして、⑦介護予備軍（四五―六九歳三〇二一万人）と要介護予備軍（七〇歳以上三一〇五万人、八〇歳以上に限っても一五九九万人）を見れば、認知症八〇〇万人[3]を含め「大介護の時代」であり、⑧年に一六〇万人が亡くなる「多死の時代」でもある。一方、⑨七〇―八四歳の「元気な高齢者」「自立して生活できる高齢者」は少なくとも一八〇〇万人（総人口の一九％）を数える[4]。七〇歳代に限れば圧倒的多数（九〇％）が「元気な高齢者」「自立して生活できる高齢者」であり、二〇五〇年の地域コミュニティを支える中核年齢層になる。

　超高齢・少子・人口減少・単身社会、これが私たちを待つ確かな未来だ。そして、地域コミュニティの中で、確かな未来の課題に日々取り組むのが七〇歳以上の元気な高齢者である。

　人口動態と同様に私たちの暮らしと地域コミュニティに大きな影響を及ぼす経済、税制、社会保障については、国・民間の主要なシンクタンクやエコノミストの間で百家争鳴の議論になっており、確かな未来は描けない。例えばＧＤＰ一つとっても七〇〇兆円を超えるとの主張がある一方、せいぜい三〇〇兆円前半との予測もある。消費税についても一〇％ではとても足りないとの認識では一致していても、一八％から三〇％超までエコノミストの間でも意見の隔たりは大きい。また、年金制度の持続可能性についても一〇〇年安心から二〇三〇年代崩壊まで、学者の間で侃々諤々の議論が展開されている。経済、税制、社会保障は前提条件や変数の置き方によって二〇五〇年の姿は大きく変動する。要するに不確かな未来しか描けないのだ。

　そのなかで超高齢・少子・人口減少・単身社会と、元気な高齢者の大きな塊だけは私たちが確信を持って予測できる確かな未来なのである。

この確かな未来は私たちの暮らし、地域コミュニティの在りようにどのような変容をもたらすのか、その変容によって私たちはどのような課題に直面することになるのか。そして、それに私たちはどのように向き合い創造的に適応していくのか。二〇一三年四月、その解を求めて公益財団法人生協総合研究所は二〇五〇研究会を立ち上げた。

二〇五〇研究会

超高齢・少子・人口減少・単身社会において現在の生活協同組合(以下、生協)のビジネスモデルと組織モデルで組合員・地域住民の毎日の暮らしに役立つことができるのか。できないとすれば、どのようなビジネスモデルと組織モデルが求められるのか。もしかしたら、生協以上に組合員・地域住民が直面する機会と課題に巧く適応できるビジネスモデルや組織モデルがあるかもしれない。これが二〇五〇研究会を立ち上げた際の問題意識であった。

生協であれ、民間企業やNPOであれ、自らの存在意義・使命は変化する社会に対応して創造的に再生される必要がある。社会にとって価値のない組織が存在し続けることはないし、存在しても意味がない。したがって、二〇五〇年の社会がどのような状況になっており、そこでの課題がどのようなものなのかをさまざまな角度から検討することが、まずなされるべきであろう。

二〇五〇年を多様な角度から捉えるため、経済・流通・社会保障(年金・介護・医療・雇用・子育て・生活保護)・家族・高齢者(ニーズ・就労・地域貢献)の専門家を招き、常設研究会として二〇五〇研究会がスタートした。京都大学大学院教授の若林靖永氏を座長に迎え、日本経済新聞編集局デスクの白鳥和生、ＮＰＯ法人「高齢社会をよくする女性の会」理事長の樋口恵子、株式会社ニッセイ基礎研究所主任研究員兼東京大学高齢社会総合研究機構客員研究員の前田展弘、ＮＰＯ法人「せたがや子育てネット」代表理事の松田妙子、放送大学副学長の宮本みち子の各氏に委員を引き受けていただいた。

二カ月に一回のペースで委員や各界の有識者を講師に迎えた勉強会と議論の場を持ち、二〇五〇年の私たちの暮らし、地域コミュニティの在りよう、生協のビジネスを規定するであろう要因のあぶり出しを行った。有識者として勉強会の講師を務めていただいた国立社会保障・人口問題研究所人口動向研究部の岩澤美帆第一室長、中央大学の宮本太郎教授、三菱食品株式会社戦略研究所の北濱利弘部長、読売新聞東京本社調査研究本部の榊原智子主任研究員からは多くの貴重な知見を頂戴した。また、東京大学高齢社会総合研究機構の秋山弘子特任教授からも有益なご意見を聞かせていただいた。ここに感謝の念を表したい。

研究会を重ねるなかで、生協中心の議論では、超高齢・少子・人口減少・単身社会が私たちの暮らしと地域コミュニティの在りようにもたらすであろう、広範、多様、かつ劇的な変化を捉えきれない(言い換えると、変化への適応を描ききれない)、地域住民の日々の暮らしに焦点を絞らないと議論は深まらない、と考え直し、委員の方々には生協にとらわれない開かれたスタンスでの議論をお願いした。現在進みつつある超高齢・少子・人口減少・単身社会が生み出す諸課題は、生協を超えて私たち市民が広く連携して解決していくことが求められるのであり、その一翼、一担い手として生協の可能性を考えていくべきとのスタンスに立った。

そして、一一回の議論を経た二〇一五年二月、超高齢・少子・人口減少・単身社会の只中にある二〇五〇年、私たちが地域コミュニティ（小学校区）で平穏に暮らしていくための提言「二〇五〇年　超高齢社会のコミュニティ構想」をとりまとめた。それは次の通りである。

提言「二〇五〇年　超高齢社会のコミュニティ構想」

すべての小学校区、元気な高齢者、そして「集いの館」。この三つが提言「二〇五〇年　超高齢社会のコミュニティ構想」の柱である。

全国一万五〇〇〇の小学校区すべてに、元気な高齢者が運営主体となる、九〇坪の「集いの館」を展開する。「集いの館」はその日の食べ物と日用医薬品を提供するコンビニ業態の三〇坪の「お店」、ワンストップであらゆる暮らしに関わる相談に応じる「よろず相談デスク」、ゼロ歳児から百寿者まで老若男女だれもが気軽に立ち寄り、触れ合い、支え、支えられ、のんびりと過ごすことのできる「フリースペース」六〇坪で構成される。

「集いの館」は血縁ではなく地域の結縁で生まれる「地縁」家族の「家」でありプラットフォームである。元気な高齢者がチームを組んでお店を運営し、あらゆる暮らしの相談に応じ、日常生活上でサポートを必要とする高齢者、子育てファミリー、幼児、学童を支える。それが「集いの館」のビジネスモデルと組織モデルの核心だ。

本書では、この構想を具体的に解説していく。第一章で若林靖永が提言「二〇五〇年　超高齢社会

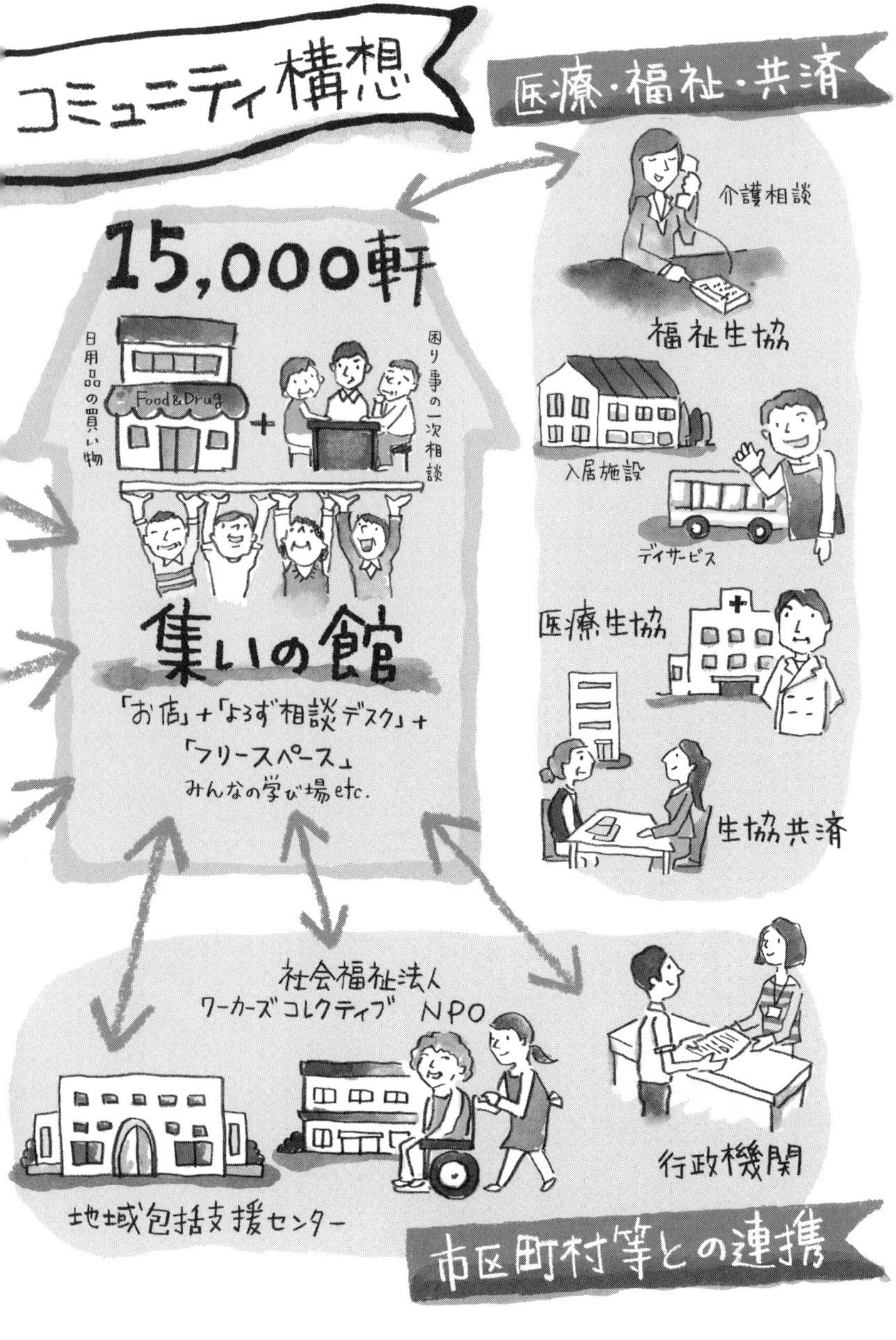

コミュニティ構想
医療・福祉・共済
15,000軒
日用品の買い物
Food&Drug
困り事の一次相談
集いの館
「お店」+「よろず相談デスク」+
「フリースペース」
みんなの学び場etc.
介護相談
福祉生協
入居施設
デイサービス
医療生協
生協共済
社会福祉法人
ワーカーズコレクティブ
NPO
行政機関
地域包括支援センター
市区町村等との連携

2050年 超高齢社会の
「地縁」家族
生活の
困り事支援
配達
子育て支援
見守り
災害時
助け合い
配達
高齢者
配食
生きがいを見つけられる場
墓
終活

のコミュニティ構想」の全体像を示す。第二章では樋口恵子が「二〇五〇年のにっぽん――幸せな超高齢社会のために」と題し、長寿化に伴うライフプランの見直し、単身化の拡大により、従来の標準家族（両親と子ども二人）が少数派に転落するファミリーレス（ファミレス）社会への対処、そして大介護時代に向けた処方箋を示す。第三章では前田展弘が、千葉県柏市で東京大学高齢社会総合研究機構・UR都市機構・柏市等が共同で進めている高齢者就労プロジェクト「セカンドライフの就労モデル開発研究」における自身の実践経験に基づき「生涯現役社会を創造する地域社会の改革」を提起する。第四章では宮本みち子が超高齢・少子・人口減少・単身社会の光と影に目を向けながら「単身社会のゆくえと親密圏の再構築」を論じる。第五章では松田妙子が二〇五〇年に社会の中核になる今の子どもたち、これから生まれてくる子どもたちが地域で健やかに育つことができる仕組み、すなわち「支援の受け手が支え手にもなる地域社会」をスケッチする。第六章では白鳥和生が地域の核となる「集いの館」が持つ可能性を経営の視点から考察した「地域の核としての「集いの館」の可能性」を提示する。そして、まとめとして行った、本書の編者若林・樋口氏と東京大学名誉教授の神野直彦氏の座談会記録を収録する。「おわりに」では、若林座長と筆者が、提言「二〇五〇年　超高齢社会のコミュニティ構想」の実現に向けた課題と道筋を示す。

超高齢・少子・人口減少・単身社会の二〇五〇年、地域を支えるのは今の三五歳以下の人たち、すなわち二〇五〇年の高齢者たちである。しかし、今を生きる私たちが一刻も早く全国すべての小学校区で、元気な高齢者が運営主体となる、地域の家族化の場「集いの館」の基本モデルを構築することが重要だ。私たちの提言は二〇五〇年に向けたものだが、それは二〇五〇年には「集いの館」がすべての小学校区に定着し、日々地域住民の暮らしを支える存在になっていることを目指したものだ。したがって、今すぐにでも「集いの館」プランを実行に移すことが、現在、地域の中心を構成している私たち中高年層が果たすべき役割である。

「集いの館」プランが地域住民の暮らし全般を支えるものである以上、さまざまな法律・規制が関係するが、プランを円滑に実行するには、国(内閣府・厚生労働省・文部科学省・経済産業省など)および地元自治体(市区町村)の理解とプランを支える法改正(たとえば日用医薬品の販売や小学校の空き教室の利活用を可能にする)が必要となる。公的セクターと民間セクターが一体となって地域の持つ資源をあますところなく活用することで初めて「集いの館」は力を発揮する。「総力戦」が必要となるのだ。

二〇五〇年、「集いの館」を核に、地域の結縁による家族(地縁家族)となった同じ小学校区に住む住民がお互いを支え、支えられながら穏やかに暮らしている。そのような地域コミュニティの実現に向けた取り組みの端緒に本書がなれば、二〇五〇研究会として大いに幸せである。

注

(1) 人口動態に関する数字は国立社会保障・人口問題研究所の「日本の将来推計人口(平成二四年一月推計)」(出生中位、死亡中位)に基づき、筆者が算出した。
(2) 世帯構造に関する数字は国土交通省の「二〇五〇年の世帯構造(平成二三年度)」を引用した。
(3) 認知症八〇〇万人という数字は、NHKスペシャルのシリーズ「〝認知症八〇〇万人〟時代」から引用した。
(4) 「元気な高齢者」「自立して生活できる高齢者」の数は、厚生労働省「介護給付費実態調査の概況(平成二五年度)」に基づき、筆者が算出した。

第一章　提言「二〇五〇年　超高齢社会のコミュニティ構想」

――血縁から結縁へ――

若林靖永

二〇五〇年という問題設定

二〇五〇年とは、二一世紀の中間点であり、今から三五年先の未来である。二〇一五年に生まれた人が三五歳になる。今年一五歳の中学生が五〇歳になるという未来である。確かに先のこと過ぎて、そんなことを考えても意味がないように思われるかもしれない。逆に今五〇歳の人が三五年前の一五歳のときの時代・社会がどのようなものだったか。そのときに何を考えていたか、を考えると三五年先のことなど何もわからないのも確かであろう。

とはいえ、たかだか三五年である。人の一生が一〇〇年に及びつつあるなかで、そのうちのおよそ三分の一の時間に過ぎない。多くの人が確実に迎えるであろう三五年先について、このようなやや長期の未来を考えることには、特別の意義がある。日々の生活や仕事においては、多くの場合、あまり大きな変化のない日常が続くため、現在の延長線上で毎日が起こるという仮定を自然に受け入れるようになっている。私たちは心理的に変化に抵抗する傾向があり、すでに変化が起こっていてもなかなかそれを受け入れようとしないということもある。そのため、大きな変化を想定すること、それへの対応を考え準備することは、自然にはなされない。しばしば危機とか混乱とかを経て、仕方なくようやく変化がすでに起こってしまっていること、それに合わせて自らも変わらざるをえないことを受け入れるのである。あえて二〇五〇年という大きな問題設定をすることなしには、私たちはこうした未来に備えることはないのであって、その意味で「強制的」にそのような問題設定をすることは重要である。

動かぬ与件

二〇五〇年の私たちの生活・地域の在りようを規定する要因として、二〇五〇研究会がまずあぶり出したのは次の点である。

①超少子高齢・人口減少社会の継続――少子化対策が一定の成果を挙げたとしても、二〇五〇年までは一貫して超高齢化・人口減少は進行していく。今後ずっと高齢者が地域社会の構成員の多数派である。

②高齢者の「社会的排除」の広がり――家族や地域から孤立して、誰にも関心をもってもらえない、自分が関われる場所、「居場所」がないという、社会的に排除された高齢者が増えてきている。「社会的包摂」という課題がここにも広がっている。

③おばあさんの時代――女性が男性よりも長寿であることもあり、九〇歳を超える超高齢女性が人口構成の大きな部分を占めるようになる。

④高齢単身世帯が標準世帯――つれあいが先立つとともに、非婚者が増えていることもあり、高齢

者が単身で生活するというライフスタイルが一般化する。高齢者夫婦世帯や二世代・三世代同居は少なくなる。一人暮らしの高齢者への対応が大きな課題になる。

⑤従来の家族の変容ないし崩壊――結婚して、子どもを産み育て、老親を介護して、という形態が「標準的な家族」とされてきたが、そのような枠にはあてはまらない個人の生き方、人と人とのつながりが広がってきている。家族が高齢者を完全に介護するということは困難、あるいは不可能という認識を出発点に置く必要がある。

⑥元気な高齢者――医療、保健、予防の措置の広がり等もあり、超高齢であっても健康で活動的な高齢者が増えている。高齢者が社会と接点を持ち活躍できる場を設けることも大きな課題である。

⑦大介護の時代――要介護ないし要介護予備層が増え続け、特に大都市部では介護する人材が大幅に不足することが予想される。地方ではすでに高齢化が進み、不十分ながらも介護体制が構築されつつあるけれども、大都市部では急速な要介護高齢者の増加に対して介護体制の確立が追いついていない。

⑧空き家の激増――都市や地方いずれでも人が住んでいない空き家が増え、地域の安全などに大きな問題をもたらしている。

⑨自治体の「消滅」と統合――自治体は住民にとって行政サービスを受け、政治参加する単位であるが、人口減少に伴う財政悪化等により、現在の単位での自治体の継続が困難になることが予想される。

⑩高齢者の多様なニーズと就労（定年のない雇用制度）――高齢者が活躍できる場として何らかの社会

的価値の提供に関わる「雇用」の場が求められるようになってきている。特に年金での収入が得られない層も多く、生活のための就労が可能であるなら、それを希望している。また、生活のためではないが、社会的に存在を認められる「参加」の場を求める高齢者も増えている。

⑪台所・食卓の変化（包丁のない台所）――高齢者の食生活においては、自ら調理して食事するスタイルは減少し、より簡便で安全なスタイル（ガスではなく電磁、調理食品、電子レンジ）が増えていく。

⑫「支える側」が支えられ、「支えられる側」が支える側に（二分法の終わり）――生産年齢人口の構成が大きく減少し、かつ、この年齢層の人々も多様な生活上の困難に直面していることから、単純に「支える側」が「支えられる側」を支えるというのではなく、互いに支え合う関係が求められるようになる。

⑬ジェンダー格差の解消――他の先進諸国と比較すると、日本では性役割分業などについての意識と態度は依然として差別的ではあるが、企業や組織での雇用のあり方や夫婦関係などにおいては着実に前進しつつある。

⑭商助の重要性――財政悪化もあり公的福祉ですべての福祉ニーズに対応することは困難となっており（とはいえ、福祉の最後の提供者は公共部門、財政支出であることは不可欠である）、また生活福祉のニーズは個々の生活状況や価値観により多様になっているため、公的福祉の整備に加えて、民間による助け合い、特に持続可能なビジネスモデルとしての助け合い（商助）の仕組みが地域に構築されていくことが求められる。

私たちはこれらを二〇五〇年の暮らし・地域の在りようを規定する「動かぬ与件」とした。この動かぬ与件のあぶり出しの根拠とその意味するところ、そして動かぬ与件への適応は第二章から第六章の各論考で明らかになる。

解決の方向性を探るアプローチ

解決すべき問題は何か。「動かぬ与件」を掘り下げ、それを前提に政治や経済のさまざまなことが関係するけれども、本提言では、地域社会を単位に、解決すべき問題と解決の方向性を探ることとした。政治や経済の在り方に地域社会は大きな影響を受けるが、と同時に政治や経済がどうであれ地域社会をどうするかが、地域住民の生活の中心であるからである。仕事や学校を除くと、私たちの生活の中心の場所は地域であり、高齢者の生活空間のほとんどが地域によって占められる。地域が高齢者に関心を持ち、高齢者が地域に参画する、そういう関係を育てていけるか、解決すべき問題を地域を焦点にとらえることが重要である。

提言が対象とする地域社会の範囲は、老若男女(特に子育て中の人たち、高齢者、学童)の徒歩圏である小学校区に置いた。小学校区における「こうありたい」私たちの生活と地域のかたち、それを実現する主体と仕組みに絞って議論し、「動かぬ与件」への対応策、すなわち提言「二〇五〇年　超高齢社会のコミュニティ構想」を導くバックキャスティング手法を採用した。私たちは互助・共助の組織であり、全国で多様な活動を展開し、多くの経営資源を保有している生協が二〇五〇年の「こうありたい」地域の中核を担えると確信しているが、当然のことながら生協だけで地域住民が日々直面する問題と課題をすべて担えるわけではない。「動かぬ与件」への対応には、生協という協同組合組織のビジネス・組織モデルより他のビジネス・組織モデル（地域包括支援センター、社会福祉法人、社会的企業、NPO、自治会、町内会、ワーカーズコレクティブ、個人商店、企業など）の方がより効果的な取り組みができる領域もあろう。生協のビジネス・組織モデルと他のビジネス・組織モデルとの連携・協働が最もチカラを発揮する分野もあるかもしれない。他のモデル、他の事業と競合・競争することもありうるだろう。地域社会が求める課題にどう挑戦するか、さまざまな動きが今後広がっていくものと思われる。

地域の公益的公共的課題に取り組むので、事業の具体化にあたっては地元自治体や公的機関との協働も求められるだろう。地域の課題解決はある意味総力戦である。地域の持つあらゆる資源を総動員する。それが私たちの提言を貫く考えだ。

「集いの館」

私たちが作り上げた提言「二〇五〇年　超高齢社会のコミュニティ構想」の要点は、「はじめに」でも紹介したように、①すべての小学校区（現在の約二万二〇〇〇から一万五〇〇〇に減少すると想定した）に、②元気な高齢者が運営主体となる、③組合員・地域住民の日々の暮らしを支える「集いの館」を展開することだ。「集いの館」は同じ小学校区に住む老若男女の「溜まり場」だ。従来の標準世帯（両親と子ども）が少数派（一八％）になり、単身世帯がマジョリティ（四二％）を占める単身社会では、血縁よりも地域のなかで結ばれた地縁家族がお互いを支えあう。「集いの館」は生協の組合員でなくても同じ小学校区に住む住民が気楽に集える場であり、暮らしに必要なモノ・コトにアクセスできる場である。いわば「家族化」された地域のプラットフォームである。すなわち、高齢者や地域住民が互いに関心を持ち、自ら参画できる地域の「居場所」をデザインするのである。

「集いの館」は、①その日に食べるお弁当・惣菜・飲料・乳製品・和洋菓子と日用医薬品を提供する「お店」、②暮らし全般の相談に乗る「よろず相談デスク」、③ふらっと立ち寄り、老若男女が交流し、好きなことをして、のんびり過ごせるフリースペース、この三本柱で構成されている。

「お店」はコンビニ型の三〇坪、「よろず相談デスク」とフリースペースは合わせて六〇坪、隅から隅まで目の届く合計九〇坪が「集いの館」の標準仕様である。

「地縁」家族

「集いの館」は年間三六五日、午前八時から午後七時まで開館する。

「集いの館」が現在の生協の店舗と根本的に異なるのは、「よろず相談デスク」とフリースペースに商品提供と同等の、あるいは地域によっては商品提供以上に重要な位置づけを与える点である。前述したように、二〇五〇年には高齢者のおひとりさま世帯が最多となり、非高齢単身世帯を合わせた単身世帯の合計は全世帯の四二％に上る。これまで標準世帯とされてきた両親と子どもの世帯は全世帯の一八％に過ぎない。私たちが当たり前のことと考えてきた両親と子どもで構成される家族は五世帯に一世帯もない時代になる。従来の家族像は瓦解し、新しい家族像を必要とする時代になる。家族が介護するという血縁に基づく扶助の仕組みはもう成立しないという認識に立って、二〇五〇研究会では、小学校区（地域）の縁で結ばれた「地縁」家族を地域住民の日々の暮らしを支える新しい家族と位置づけた。そして、その新しい家族の拠り所を具体的なカタチで表現する場として「集いの館」を構想したのである。

「よろず相談デスク」

「よろず相談デスク」の機能と役割を一言で表現すると、ワンストップで暮らし全般の相談に応じる場である。相談を受ける対象は、医療、介護、子育て、見守り、家事支援、外出（買い物・通院）支援、保険、貯蓄、住宅、教育、雇用、成人後見、葬祭、娯楽活動等、基本的に日常生活に関わるすべての事柄である。元気な複数の高齢者が相談員を務め、相談内容を見極めた上で相談者を生協の多様なネットワーク（購買生協、医療生協、福祉生協、高齢者生協、共済生協、住宅生協、大学生協、労働金庫）につなぐ。相談内容によっては、生協のネットワークではなく、市区町村、地域包括支援センター、町内会、民生委員、社会的企業、社会福祉法人、ワーカーズコレクティブ、NPO、個人商店、企業等に相談者をつなぐ。いわば生活上の相談事をワンストップで一手に引き受け、解決が必要な相談事を、解決する機能を持つ生協、あるいは他の組織につなぐのが「よろず相談デスク」である。

年齢構成を考えると、高齢者、特に高齢単身者の相談事が多くなろう。元気な高齢者が相談事のある高齢者をケアする。「よろず相談デスク」は元気な高齢者が運営主体になるビジネスモデルである。「よろず相談デスク」の担当者は毎日六人（午前・午後、各三人）年間で延べ二一九〇人である。

フリースペース

六〇坪のうち、「よろず相談デスク」を除くスペースをフリースペースとする。ゼロ歳児から百寿者まで老若男女が好きな時にいつでも自由に立ち寄り、触れ合い、のんびり過ごすことができる場だ。ここには簡易調理設備と食卓テーブルを配置する。調理設備・什器備品・食卓テーブルなどは利用者から寄贈してもらうこともあろう。独りでの食事より友人や顔見知りの住人たちとの食事を望む人たちのニーズに応える場であり、散歩や買い物の途中に「ちょっと一休み」できる場でもある。

子育て中の人たちのために乳幼児向けの畳のスペースを確保する。もちろん、バリアフリーのトイレは必ず設ける。また、学童保育に必要な文具や遊具は利用する学童が持参し、持ち帰る。

当然ながら小学校区の実情(世帯構造・年齢構成など)によってフリースペースの空間配分は変わる。幼児・学童の多い小学校区では子ども向けの空間が大きくなり、高齢者の多い小学校区では高齢者向けの空間が大きくなる。また、時間的推移によって世帯構造・年齢構成は変化するので、「集いの館」の空間配分については標準モデルを設定しない。小学校区の実情や特性で自由に空間配分を変更してもらう。コミュニティカフェや食堂を併設することもあるだろう。

フリースペースの担当者は毎日二人(午前・午後、各一人)年間で延べ七三〇人である。担当の仕事は日々の利用空間の調整(集う人たちの構成に従って利用する空間の大小を調整する)と什器備品の管理および清掃だ。それに加え、集う人たちの交流をアレンジする役割も重要だ。たとえば、育児面の疑問や相談事を持つ子育て中の親がいれば、その場にいる子育て経験者と引き合わせるとか、宿題で困っている学童がいれば教えることのできる人を紹介する、というようなアレンジだ。老若男女が集い、交じり合い（交じり合うことを義務化はしない）、支え・支え合う。地域住民同士が直接触れ合う「地縁」家族の場、「出入り自由」でゆるやかな「結縁家族」関係を結ぶ場、それがフリースペースである。

「お店」

「集いの館」の「お店」では、その日に食べるお弁当・惣菜・飲料・乳製品・和洋菓子と日用医薬品を提供する。生鮮食品・加工食品・日用雑貨・衣料品等は生協の他のチャネル（スーパーマーケット業態の店舗・共同購入・個人宅配・通信販売等）で購入してもらう。それらの配達のステーションとしても機能する。

高齢単身世帯では「包丁のない台所」が一般化する。一人分の食事を作るのは簡単ではない。品数や量のコントロール、材料（少量）の買い出しと調理、一人分の調理は時間もコストもかかるのだ。栄養バランスに配慮した、生協の得意分野である安心・安全な原材料を使用した、美味しい（ここは工夫のしどころだ）お弁当や総菜を多彩に提供することに主眼を置く。この「お店」で提供する商品は、求められれば宅配も行う。「お店」の担当が徒歩または自転車で配達を行うが、「集いの館」の活動範囲は小学校区なので支障はない。

風邪薬・湿布薬・目薬・胃腸薬などの高齢社会におけるマグネット商品（売場で客を引きつけるような商品）である日用医薬品の提供も重要だ。薬事法がどこまで改正されているか判らないが、少なくとも日常生活に不可欠な医薬品を提供する。生協で医薬品を販売できない場合はドラッグストアとの提携（具体的には売場の提供）、もう一歩踏み込み、小規模の薬局チェーンや地元の個人薬局の買収も検討すべきだろう。医薬品に限らずお弁当や総菜についても実績のある他組織、特に外食・中食・給食企業との提携や買収を視野に入れた対応が必要になるかもしれない。極論になるが、大手コンビニチェーンとの提携（商品の融通）も排除すべきではない。大手コンビニチェーンは優良なサプライヤーと物流会社の囲い込みを完成させているからだ。

超少子高齢・人口減少社会で日本の「胃袋」は縮小し続ける。外食・中食・給食企業にとって全国一万五〇〇〇の「集いの館」は是が非でも確保したい市場になるだろう。生協自らがお弁当・惣菜を生産することもあるが、人手の確保や投資環境を考えると、先行実績企業との提携が最も現実的な選択肢になると思われる。縮小する人口・経済（市場規模）の時代に合った投資戦略が要求される。

すでに貨物輸送に従事する運転手の不足が全国で深刻化しつつある。生協の商品配送にも運転手不足が影を落としている。人口動態・年齢構成を考えれば、今後は「何でも自前」主義の通用しない時代になることは必至だ。地域住民の日々の暮らしを支える上で最善の商品調達モデルをいかに臨機応変に構築するか。必要に応じ、他組織・企業との提携や買収をいかに実行するか。生協の経営力が今以上に問われる時代になっていく。

「お店」は、「集いの館」と同様に年間三六五日午前八時から午後七時まで営業する。担当者は毎日九人（午前四人、午後五人。二四時間の交代制）年間で延べ三二八五人である。

「お店」の損益責任は生協の本部に帰属する。黒字を確保するため、状況に応じ生協の本部から職員を派遣、常駐させることもある。生協が地域社会とつながっていくために、生協職員が地域社会を理解し地域社会とともに成長するために、生協職員が交代で派遣されるなども望ましい。

小学校区

すべての小学校区に「集いの館」を――これが二〇五〇研究会の提言の肝である。

前述のように、小学校区は二〇一五年時点で約二万二〇〇〇あるが、超少子化により劇的に減少する。私たちは総人口の減少率を機械的に当てはめ、二〇五〇年には小学校区が三割減少し、一万五〇〇〇になると想定する。つまり全国の生協が一万五〇〇〇の「集いの館」を保有する。超少子化・人口減少の度合いは地域により大きな差異がある。したがって、生協ごとに「集いの館」の保有数にも大きな差が出る。地域によって廃校や統合により広大な小学校区が出現するが、私たちの提言する「集いの館」のベースになる小学校区は「小学生が徒歩で通学できる」小学校区である。

「集いの館」のベースを小学校区としたのは、人と人が日常的に直接触れ合う場として設計するためである。携帯電話やネットが普及し、コンビニエンスストアなどのセルフサービスの店舗を利用することにより、家族や友人と、直接フェイストゥフェイスで対話する機会が大幅に減少している。確かにコミュニケーションはしているし、便利でもあるわけだが、人はこのような関係性で充たされるものではない。スキンシップなどに代表される愛情を伴う関係性は、人と人が直接向き合うこと、つながることで育っていくものである。人と人が直接互いに知り合い、関心を寄せるという意味で人が集う、人と人が触れ合う場としてデザインするのであれば、小学校区単位でなければならない。そうでなければ、全国各地すみずみまで地域社会にそのような場を作り出せない。

小学校区であれば、子育て中の親、元気で自立して生活できる高齢者、幼児・学童が無理なく徒歩でアクセスできる範囲となる。小学校区は地域住民が活動する上での基本的な単位であり、さまざまな地域の行事等も行われ、「地域の歴史」があり、地域住民がアイデンティティを持つことができ、それにリアリティを感じられる地域単位である。「集いの館」とその「お店」のビジネスとしての最低限の採算性確保も理由の一つとなっている。町内会の規模では狭くてビジネスの対象としてのマーケットとして考えると小さいと思われ、一方、国の進める地域包括支援センターは中学校区であるが、これはアクセスの容易さを考慮すると広域過ぎると思われる。それゆえに、私たちは「集いの館」の活動範囲を小学校区とした。なお、小学校区の総人口は五〇〇〇人を想定している。

「集いの館」を担う人たち

先に示したように、「集いの館」の毎日を担うのは、基本モデルで、「よろず相談デスク」が六人、フリースペースが二人、「お店」が九人、合計一七人だが、地域の実情にそって人数の増減、配置人数の調整をする。基本モデルの場合、午前八人、午後九人でチームを組み「集いの館」の運営にあたり、年間延べ人数は六二〇五人になる。全国一万五〇〇〇の「集いの館」では毎日二五万五〇〇〇人が運営主体となり、年間では九三〇七・五万人日になる。つまり「集いの館」は、これだけの規模の「社会参加」の場を生み出すことを意味する。

二〇五〇年、要支援でも要介護でもない七〇歳以上の元気な高齢者の総数は約二一〇〇万人と予想されている。七〇歳代に限ってみると約一三六〇万人である。「集いの館」を運営するのに必要な年間九三〇七・五万人日を確保するには、七〇歳代の元気な高齢者全員で分担するなら、一人につき年七日運営主体になってもらわねばならない。年七日といっても終日の仕事ではないので、時間的には最長のフリースペース担当でも四〇時間以内である。

元気な高齢者の参画

七〇歳代の元気な高齢者約一三六〇万人のうち、どれくらいが「集いの館」の運営主体になってくれるかはわからない。一〇人に一人、一〇〇人に一人、あるいは一〇〇〇人に一人か、また、年に何日働いてくれるか。就労は本人の自発的意思によるので、七〇歳代の元気な高齢者にとって、「集いの館」の運営主体になることがとても魅力的だと思えるものにすることがポイントである。この点では、元気な高齢者の事情や関心に注目して、かれらが働きたくなるような場にしていくことが求められる。たとえば、働く時間を柔軟に決めることができる、好きな役割を担い、能力を発揮できる(他者から感謝される)、少額でも報酬を得ることができる、友人の輪が拡がる、世代間交流ができる、自分の健康状態を確認できる(してもらえる)、独りぼっちの食事をしなくていい……。

元気な高齢者の参画を促すインセンティブは他にも多くあろう。したがって、画一的に上から「集いの館」をつくるというアプローチには限界がある。それぞれの地域の担い手たちと一緒に、高齢者自身の参画を通じて、ボトムアップでそれぞれの地域にそれぞれの「集いの館」を設計していくことが求められる。

もう一度確認しておきたい。「集いの館」は七〇歳代の元気な高齢者が運営主体となり、地域住民の日々の暮らしを支える、そして支え合うモデルである。二〇五〇年に向けて今から七〇歳代の元気な高齢者が積極的に利用・参画してくれる「集いの館」モデルを磨き上げていくことが必要だ。これが新しい社会参加のかたちである。

無居住化と空き家の激増

「集いの館」を実現する上で不可欠な資源として、土地・建物がある。実際に人が集う場を提供し小売を行うためには、施設が必要である。この点では安価ないし無償でこれら施設が使用可能になりうるチャンスが生まれている。

三大都市圏への若者の流入が続けば、地方を中心に今ある自治体の半数が消滅する可能性があるという、日本創成会議の「増田レポート」が二〇一四年大きな話題を呼んだのは記憶に新しいところだ。現在の居住地の約二割が無居住化するとの国土交通省の将来予測もある。また、不動産業界の長期見通しでは、地方を中心に空き家は一五五〇万戸を超えるとの見方が大勢である。当然ながら、公民館などの公共施設や学校の統廃合による空き教室も激増しているだろう。激増する空き教室が「集いの館」を実現する上で貴重なインフラになる可能性もある。空き教室の活用は文部科学省をはじめ市区町村の教育関係者にとっても有益なものになろう。つまり、ピンチはチャンスなのである。

主役は今の三五歳以下の人たち

元気な高齢者に「集いの館」を支える側に回ってもらう。これも大きなチャンスである。これは現在の中堅層の人たちの未来であり、未来をどう迎えるかを多くの体験を通じて学び、地域での相互扶助の仕組みに参加して支えようという意識と行動を育むことができるからである。

二〇五〇年には、今年生まれる赤ん坊が社会を支える中堅層の三五歳、そして今年三〇歳の人が六五歳、四〇歳が七五歳になる。高齢者の絶対数は二〇四二年に三八六三万人でピークを迎えるが、高齢化率は二〇六〇年のピーク（三九・九％）まで上昇を続ける。「はじめに」で紹介した数字は、各種長期予測のなかで最も確度が高いと思われる国立社会保障・人口問題研究所（以下、社人研）の「日本の将来推計人口」（二〇一二年一月推定）が示す二〇五〇年の日本の姿である。ただし、この数字は出生中位・死亡中位に基づくものであり、出生低位となれば人口減少と高齢化率はさらに拡大することに留意が必要である。また、社人研の過去数回の将来推計を振り返ると、残念ながら実際の出生数はすべて低位推計をも下回っている。

いずれにしても、私たちの提言の肝の一つである「集いの館」を担うのは、現在三五歳以下の人たち、すなわち二〇五〇年の元気な高齢者である。

少子化克服への道

各種調査を見る限り、今の若年層の結婚願望と持ちたい子どもの数に劇的な変化が生じているわけではない。結婚したいし、子どもは二人持ちたいと願っている若者が多数を占めている。にもかかわらず、一向に少子化に歯止めがかかる様子はない。なぜか。

それは、少子化をもたらす原因が今の日本に数多く存在するからである。出生率を高めるためには、少子化につながる一つひとつの原因の解消に向けた取り組みを進めていく必要がある。特に出生数を増やすには、子どもを持ちたい人たちが不安なく子どもを持てる安定した生活基盤（所得）と、「今日より明日が良くなる」との将来見通しが必要である。

少子化が一段と進行したこの二〇年間を見る限り、目先の緊急対策として国が繰り返し打ち出した「子育て支援」の施策は何一つ実効性を持たなかった。一部大企業の内部留保が積み上がるなか、実質賃金は下がり続け、雇用の悪化（正規社員が減り非正規社員が急増、そして若年層の失業率は高止まりし、なんとか就職できても長時間労働が常態化している）が進行し、子育てどころか交際、結婚すらできない若年層が増え続けている。特に非正規雇用の人たちの所得水準は将来を設計できない低水準に置かれている。子どもを産み育てる若年層の生活と将来見通しを改善できなければ、政府の子育て支援の施策が効果を発揮しないのは当然である。根（家計・生活時間）に養分を与えず枝葉にばかり水を与える政策では出生率が上がるはずもない。家計の充実、労働時間の短縮という、より人間らしい生活ができる条件が不可欠なのである。保育所の待機児童ゼロも重要な課題であるが、保育所を充実しただけで少子化が克服できるわけではない。少なくとも根に充分な養分を与える社会制度への転換（若者・子育て世帯への所得再分配の強化、労働時間の短縮等）が不可欠だ。つまり若者・子育て層支援の充実である。

若者・子育てを支える公的システム（施設とヒト）の充実、男女共に育児を担うことが当たり前という社会的コンセンサスの確立（ジェンダー格差の解消）とそれを担保する法制度、育児休業が復職後に不利益をもたらさない雇用制度、ワークライフバランスを定着させる法的枠組みも求められる。国に抜本的な制度改正を求めながら、私たちは子育て中の人たちの支援と学童保育に「集いの館」をフル回転させたいと考えている。

一つの光明

二〇五〇年を考える時、一つ勇気づけられるのは、高齢者イコール弱者ではないという厳然たる事実の存在だ。平成二五(二〇一三)年度の厚生労働省「介護給付費実態調査の概況」を見ても、給付を受けている高齢者の比率は七〇―七四歳で六%、急速に基礎体力が落ちると言われている七五―七九歳でも一三%に過ぎない。つまり、七〇歳代の大多数は要支援でもなければ要介護でもない、元気で自立して生活できる高齢者である。

付言すれば、介護給付率は八〇―八四歳で二八%、八五―八九歳で五一%、九〇―九四歳で七六%、九五歳以上で九四%であり、八〇歳代前半でも自立した生活が可能な高齢者がマジョリティを占めている。個人レベルでの健康志向の高まりや医療技術の進歩を考えると、二〇五〇年の要支援者・要介護者の同一年齢層での比率はさらに低下しているはずだ。地域社会における元気な高齢者、自立した生活が可能な高齢者の存在感が今とは比較にならぬほど大きくなっているのは間違いない。そして、六五歳以上を高齢者とする今の社会認識や社会保障制度は大きく変化しているだろう。労働法制や社会保障制度は七〇歳、あるいは七五歳、場合によれば八〇歳以上を高齢者とするような改正がされている可能性もある。高齢者が地域で協同して自立する、そうして社会的排除の問題を自ら解決していく。元気な高齢者、自立して互いに助け合って生活できる高齢者の大きな塊。私たちはこれを提言の基底に置いた。

第二章　二〇五〇年のにっぽん
――幸せな超高齢社会のために――

樋口恵子

はじめに

先進国とアジアの一部の国に生きる人々、つまり私たちにとって、最大の課題の一つは、第二次世界大戦後急激に広がった「長寿の普遍化」(パーマン/ハーバード大学教授)であり、史上空前の超高齢社会への対応である。二〇一二年、国連の『高齢社会白書』のサブタイトルは「祝福と挑戦」であった。普遍的長寿は何よりも平和の所産であり、豊かさの結果であることを思えば、まさしく祝福の対象である。

日本人の平均寿命は戦前の一九三五年に男子四六・九二歳、女子四九・六三歳であった。その一年間に二〇〇万人が死亡した敗戦の年(一九四五年)は男子二三・九歳、女子三七・五歳。直近(二〇一四年)は男子八〇・五〇歳、女子八六・八三歳で、ほぼ世界トップの座にある。戦後七〇年の歩みは、平均寿命の伸びと重なり合う。そして地球上の大半の国が「地球まるごと高齢化」の流れの中にあり、日本は、二位以下の諸国に水をあけて、世界の高齢化の先頭に立っている。日本がどうやってこの史上空前の事態に対応し、乗り切っていくか。私たちは、特に高齢化スピードの著しいアジア諸国に対して、一つの良き先例を創る役割を時代から与えられていると言ってよい。先進国を含めて、個人の人生のおよそ後半の三分の一ほどは、社会制度的にも慣習的にもモデル無き状況であり、今を生きる中高年は、新しい超高齢社会文化を創造していく初代の立場にある。私たちはそんな役割を背負ってしまったようだ。平和と豊かさの成果である長寿を祝福して迎え、前代未聞の難問に衆知を集めて挑戦する。これから高齢化がピークに達する二〇五〇年までの道程を見はるかしつつ、二〇一五年の今から取り組む課題について考えたい。

課題を理解する五つのキーワード

二〇五〇年に向かう時代を認識するうえで必要な五つのキーワードについて述べたい。

(1) 人生一〇〇年時代

政府は二〇一二年、一一年ぶりで「高齢社会対策大綱」を改定、閣議決定した。キャッチフレーズは「人生六五年社会から人生九〇年社会へ」「支えられる側から支える側へ」。今回の改定に関して高齢社会NGO連携協議会(三五団体加盟。堀田力・樋口恵子共同代表)は、野田総理(当時)に以下のような内容を含め要望書を提出した。すなわち「高齢者が能力を社会に生かす権利と義務」「特に就労の場における非合理な年齢差別を廃する年齢差別禁止法制定」「能力発揮のため人生後半のための情報・学習機会の提供」などである。ひとことで言えば、高齢者の「非高齢者化」作戦と言うべきか。日本の六五歳以上比率は約二六%(二〇一四年)、本書がめざす二〇五〇年の時点で、七五歳以上二四・六%。もし現在の前期高齢者(六五―七四歳)が、心身能力、健康状態について一〇歳若返ることが可能ならば、私たちが直面する課題はかなり軽減する。「人生九〇年社会時代」という政府のネーミングは現在の平均寿命から言って妥当かもしれないが、女性（八六・六一歳）から見るとあまりに先が詰まった感じで、私は数年前から「人生一〇〇年時代」を提唱している。すでに百歳以上の長寿者は五万八〇〇〇人（二〇一四年）を超え、その九割近くが女性だ。だれもが一〇〇年生きることを目標にしようというわけではないが、一〇〇年生きても安心できる社会をめざそうとするものである。戦前から見れば所得倍増ならぬ寿命倍増が実現した今、あらゆる関係性の長期化と変化に対応して、社会制度も個人の意識・行動も自己変革の覚悟が必要となる。

⑵ ファミレス社会

ファミリーレストランの略ではない。ファミリーレス（family-less）、つまり家族のいる人が少なくなっていく、というほどの意味である。

社会の根底を揺るがす少子化が急激に進行したのは、実は今現在ではなく、一九五〇―六〇年のわずか一〇年間である。その後、現在に至るまで少子化はさらに進行し、定着した。団塊世代の出生時（一九四七―四九年）、出生率（合計特殊出生率）はおよそ四・二で、子世代の人数は親世代の二倍以上というピラミッド型を維持していた。その直後一九五〇―六〇年の間に、出生率は三・六五から二・〇〇へと四割減。これを私は「大台《おおだい》少子化の一〇年」と呼んでいる。総長男長女社会が始まった。

さらにこの世代が成人するにつれて、もう一つの大変化が明らかになる。婚姻率の急激な低下である。戦前から戦後にかけて日本人は世界有数の「結婚好きな国民」と呼ばれ（湯沢雍彦／お茶の水女子大学名誉教授）、団塊の世代にもその勢いは止まらず、一九六〇年代の半ばには生涯に一度でも結婚したことがある人の割合は男性九七％、女性九八％と言われた。

この大台少子化世代から急激に婚姻率が下がり、国立社会保障・人口問題研究所の最近の発表によれば、現在五〇代――大台少子化で生まれた当事者たちは、男性の二〇％、女性の一一％が独身である。北欧、西欧などでステディな同棲により多くの子どもが生まれている事実に比べると、正式な婚姻と出生との関係が深い日本は、もしかしたら世界一の若年シングル大国であるかもしれない。

この一九五〇年代生まれは二〇五〇年に九〇―一〇〇歳という長寿の頂点にいる。今後一〇代ごとの人口増加率は八〇代、九〇代がトップレベルであるから、相当数が生き残っているだろう。つづく一九六〇年代生まれも推計によれば婚姻率の上昇は望めそうにない。となると二〇五〇年の日本社会は、後期高齢者の少なくとも三割(現代五〇代の男性二〇％＋女性一一％)は婚姻歴なし、「子レス孫レス甥姪レスいとこレス」、つまり三親等から四親等内の親族がいない、少ない、まさにファミレス社会であることを前提とする必要がある。

もちろん家族を持った人がそのころでも七割前後の多数派を占めるだろうし、家族の重要性は変わらない。一方、寿命の伸長、親子期間の長期化、三―四世代世帯の減少、高齢期の核家族化・単身化は否応なく進むはずである。介護の家族・血縁依存は現在よりはるかに困難となる。

(3) 大介護時代

第三のキーワードは、ファミレス社会の帰結としての大介護時代である。この大介護時代は、私たちが目標とする二〇五〇年より一〇―二〇年早く到来する。大介護時代の大波を何とかくぐり抜けなければ、二〇五〇年の展望もあり得ない。危機感を国民的に共有すべきは、まずこの「大介護時代」問題であろう。

今、団塊世代が少しずつ「子」としての家族介護者役割を終えて、自身が要介護者になるまでの束の間の身軽な時期を楽しもうとしている。前期高齢者として新しい働き方、社会参加の方法を数の力を利して大いに提言し、実践してほしいものだ。この世代は人口論的に子が親を交替で看取り得る最後の多子世代(出生率平均四・二)である。

社会が担う介護の総量は、家族が提供できる介護量とトレード・オフの関係にある。医療保険が必要な医療サービスを、原則としてすべて提供するのに対して、介護保険は、それまで無償の行為であった家族介護者の負担を軽減する目的でスタートした。要介護度によって支給限度額が定められた上でのスタートであった。家族という日本社会における伝統的な介護の担い手が、介護保険発足後の一五年間に急激な変化を遂げ、家族による介護資源の量が減少していることに注目してほしい。その理由は何よりも、介護当事者たる「子」世代が、この一〇年間で、団塊世代から出生率二・〇〇の「少子化」世代に移行し、「子」としての介護資源が人数の上でほぼ半減したからだ。転勤などの多い雇用者家庭の増加も、老親と子の同居隣居を困難にしている。

大台少子化世代つまり一九五〇—六〇年生まれが介護の主役の座に就任しつつあり、舞台は「介護保険開始」という第一幕から「大介護時代」という第二幕へ急速に転換していく。介護保険制度がスタートしてからの一五年間、「第一幕」の期間に進行した介護者側の変化として以下の五点が挙げられる。①男性化、②血縁化、③多様化=老老化、ヤング化、遠距離化など、④長期化=生涯化、⑤多重化=同時多発介護などである。

以下、一項目ずつ見ていこう。

①男性化――介護保険発足時には女性が八三％を占め、要介護度からみた続柄の多くは妻か嫁であった。介護者に占める男性比率は徐々に上がり続け、二〇一〇年以降は三〇％を超え、現在三分の一に迫りつつある。男性化が進むにつれて注目されるのが、介護を理由とする離職問題である。主たる家計維持者であり職場では管理職年代の退職が日立つようになって、世論も注目し、私を含む民間有識者（佐藤博樹氏ら一八名）が「介護退職ゼロ作戦」要望書を提出するなどの動きがあり、政府も育児と並んで「仕事と介護の両立」政策に取り組みはじめた。介護離職は男女を問わず本人の将来の生活設計を奪うばかりでなく、企業は人材を、国全体としては個人所得税、社会保険料の最大の負担者を失うことになる。低賃金の中高年女性が家族の介護のために静かに辞めていく時代には目立たなかった介護離職が、男性の増加でにわかに社会問題として認識されている。二〇〇九年には、男性介護ネット（代表・荒川不二夫氏、事務局長・津止正敏氏）が結成された。

②血縁化――「嫁」の家族介護からの退場である。介護保険創立期に「やっぱり嫁の介護が当然」と叫んでいた保守的男性の声がまだ耳もとに残っている。「数は力なり」とつくづく思う。少子化によって、実家を顧みず婚家に専属できる嫁はいなくなった。非婚化によって「嫁」のいない息子が増えた。こうして、親の介護から嫁が撤退し、血縁の子が担わざるを得なくなった。息子が担う例が増え、最近の統計では「娘＋息子」二〇％、「嫁」一五％。嫁は介護しないのではなく、実家の親の介護者である娘として息子より多くを担っている。だから、配偶者（妻）を含めて今なお家族介護の担い手は七割近くが女性であり、介護時間も長い。しかし、農村など伝統的男

系同居家族を除いては、夫の親は夫の血縁中心で、妻の親は妻の血縁中心に、夫と妻はその協力者という市民的ルールが定着しつつある感がある。

③多様化――高齢者の核家族化が定着。老夫婦の老老介護、子世代の老化による老老親子介護、今や家族介護者の六〇％以上は六〇歳以上。老老介護とも認認介護とも言われる傾向が定着している半面、そこからこぼれ落ちる多様な介護形態がある。近ごろはヤングケアラー、孫ケアラーが目立つ。就活、進学と重なる時期に若い彼らが介護役割を担うとなると、長い人生を棒に振り続けることになる。かれらは少数派であり支援が乏しく孤立しかねない。遠距離介護者はかなり早くからＮＰＯ法人パオッコ（離れて暮らす親のケアを考える会）を立ち上げているが、当事者はますます多様化し、増えていくだろう。

④長期化――これまで女性一人で通算半世紀という長期にわたる介護を担ってきた例もあったが、社会に顕在化しなかった。これからは男女を問わず、生涯介護するために生まれてきたかのような「つぎつぎ生涯介護者」が増える。それを一人で担う「シングル介護者」も増える。

⑤多重化――介護が長期化するなかで、要介護者が一人でなく複数同時に発生し、一人で背負う例も珍しくなくなった。「多重介護」とも呼ばれるが、「同時多発介護」と私は呼んでいる。

以上のような現実を百も承知のはずの厚生労働省は、繰り返し在宅介護、地域介護を打ち出し、特別養護老人ホームなどの増設や施設への入所を極力抑制してきた。病院で不必要な医療を受けるのは誰にとっても望ましくないから、病床をある程度縮小あるいは転換するのはいいとして、ほんとうに、こんなに縮減してしまった家族介護資源で、介護を在宅でやりおおせると本気で考えているのだろうか。加えて、介護を行う上で最大の課題である認知症患者は増加傾向にあり、二〇二五年には七〇〇万人となることが見込まれる。もちろん在宅医療介護の地域資源の充実・増加は当然である。一日も長く自分の家で暮らしたいというのは、多くの高齢者の願いに違いない。しかし二四時間巡回サービスをまったく整備していない県がまだ二県あり(二〇一五年四月)、全国で六八一事務所というから十分というには程遠い。頼みの綱の在宅支援診療所だが、最期の看取りまで行うところ(自宅死亡一名以上)は従来型五一・四%、連携強化型七七・五%、強化型九一・一%である。

介護職はつねに人手不足だ。待遇改善の声が絶えず上がり、二〇〇八年には私たちNPO法人「高齢社会をよくする女性の会」がその第一声を発し、たちまち業界全体の労使双方に広がった。それが「介護従事者処遇改善法」の成立をもたらし、介護保険に基金ができ、一万五〇〇〇円程度の昇給が実現した。しかし、その後の改善はすすまず今や元の木阿弥状況である。一定の有資格者・経験者に全職種の中間(年収四〇〇万円程度)の収入を保証しない限り、この問題は解決しない。この大介護時代はもちろんパート、ボランティア等すべてを合わせた総力戦である。

介護労働者自らが三Kと呼ぶように、この仕事は、「きつい、汚い、給料が安い」が現状である。しかし、高齢者、障がい者を含めて介護は人間しかしない営みであり、社会の発展と進化に合わせてその重要性を増してきた。一九九一年、国連の高齢者五原則に、自立、参加、自己実現、尊厳の項目と並んで「ケア」が取り入れられた。介護は人間が生んだ文明の一つであり、その証明である。介護を社会のどこに位置づけるかで、社会の質が問われる。介護する人が幸せでなかったら、介護される人も幸せではあるまい。

日本社会における伝統的家族介護は、あくまでも家族の中で下位の女性が担う仕事だった。義父母の介護は嫁の義務、当然嫁一人の介護で行き届くはずもないから、義父母も満足ではなかったろう。他の家族は嫁の苦労を見て見ぬふりをしたという意味で、介護は無償労働どころか無視労働、やってあたりまえの世界だった。

すでに大介護時代は始まっており、家族は老老化、シングル化し、認知症患者は増えるばかり。二〇一五年一月発表の労働組合「連合」による調査（要介護者を介護する人の意識と実態に関する調査）を見ても、家族介護者の半数（四九％）は「在宅（介護）を続けていくことができる」と答えているが、「現在のサービスでは困難」も三〇・六％、「施設入所希望・申請中」は二〇％である。特に認知症最重度で「専門医療が必要」（全回答中三％）のうち六〇％が「施設入所を検討・申請中」である。軽重を含めて「認知症と診断されている人」は全体の六割を占める七五七人。このグループに「新設・充実してほしい認知症対策」を一四項目中五項目挙げてもらったところ、①「体調悪化時に預かる施設の新設」、②「長期的に預かる施設の新設」、③「早期発見早期治療の仕組みづくり」、④「専門の介護施設の新設・充実」の四項目が抜きん出て上位を占め、専門医療とともに施設充実の希望が多い。家族の介護力の低下が進めば、認知症対策としてだけでも介護施設への要望はさらに増すだろう。家族介護者のための介護救急車が必要だ。もちろん従来の施設を限りなく「在宅」化することとともに。

二〇一五年一月に発表された厚生労働省「新オレンジプラン」は、たしかに従来よりも踏み込んだ政策であるが、地域で、在宅で、という呼び声だけでは問題は解決しない。家族が夜眠れるように、家族が仕事を奪われずにすむように、家族をはじめ、介護する人の基本的人権もまた、認知症の人の人権とともに守られるように、具体的対策を急がなければならない。

このまま進めば、二〇五〇年に到達する前の二〇三X年、団塊の世代の多くが要介護となる日、ケアする人のいないケアレス持ち家で、野たれ死ならぬ家《や》たれ死が続出するに違いない。ケアなき里の超高齢社会にっぽん。一九四五年夏、大東亜戦争の敗戦に加えて、仮にも経済大国であったにっぽんが大介護戦争への対策を誤り、二度目の敗戦を迎える――。そんなことにならないように、今から全力を挙げて用意しようではないか。ファミレス社会をケアレス社会にしないように、地域を中心に、世代、ジャンルを超えての総力戦である。

(4) ワーク・ライフ・ケア・バランス

これは第三のキーワードとして述べた大介護時代の大介護戦争の敗戦を防ぐ方策でもある。大介護社会は、日本社会を挙げての総力戦だ。プロにまかせるところ、個人・家族として引きうけるべきところ、企業の役割、何よりも国が国民全体の安全保障として予算からして人間本位に組み直すことが求められる。人生一〇〇年社会は必然的により多くのケアを要求し、またケアを受けることによって自立と社会参加が可能になる人が増える。

ワーク・ライフ・バランスは今や政策にも取り上げられ、公用語となった。ケアの増大する人生一〇〇年時代は、個人も社会もワークとライフと並んでケアを加え「三立」とすべきではないか。ケアの部分こそ、社会保障・社会福祉で担われる部分が多く、ワークとライフの双方からの社会への接点となる。何よりも国や基礎自治体の政治と直接かかわり、参加型の民主主義が問われる。男性も育児・介護に参加するということは、参加しやすい職場環境を整え、柔軟な働き方を提案する企業側の配慮を必要とする。家庭、地域、企業、行政すべてがワーク・ライフ・ケア・バランス社会を構築する。

⑸ 男女共同参画

現在の政策で言えば女性活躍、昔からの言葉で言えば男女平等である。「地域創生」のキーワードでもあるべきだと思う。二〇一四年、日本創成会議（増田寛也座長）が発表した、人口流出によって消滅する可能性がある自治体が五二三存在するというリポートは各方面に大きなショックを与えた。政府は「地方創生担当相」を創設し、予算を計上し、対策に大わらわである。自治体消滅のメルクマールを二〇―三九歳女性の人口流出としているが、それは単に出産可能年齢だからというわけではあるまい。未来を担う年齢の女性が、その地域を担う人材として男性と対等に評価され尊重されてきたかどうかを見る一つの指標にもなり得る。若い女性はなぜ地域から「逃亡」「消失」したのか。おそらくその母たちも、娘たちの逃亡か脱出を助けたに違いない。単に「仕事がない」だけの理由ではないだろう。

私は「増田リポート」の区分に基づいて、若年女性の人口流出率五〇％以上の自治体（人口一万以上と一万未満の二区分）と、流出率五〇％未満で存続可能と見なされる自治体で、自治体議会の女性議員比率を比較してみた。その差は予測通りで、人口流出率五〇％未満、つまり存続可能とされる自治体議会の女性議員比率は二桁に上る（一四・〇％）のに対し、流出率五〇％以上の自治体は人口一万以上で九・七％、人口一万未満では七・一％と、ほぼダブルスコアの差があった。二〇一五年四月の統一地方選でメディアの注目を集めた女性議員ゼロ議会の比率を比較すると、流出率五〇％以上で人口一万未満の町村議会は四三・二％と半数近くが女性議員ゼロ議会である。人口が少なく、人々の考え方が伝統的・固定的で、女性の立候補自体が求められない地域から、女性たちは沈黙のうちに姿を消していく。女性がのびのびと選挙活動し、議会にもちらほら女性の姿が見える地域との差を、地域存続のためにも新たな注目点にしてほしい。

「集いの館」に求めるもの――まずは地域

今から二三年前の一九九二年、私が代表を務める「高齢化社会をよくする女性の会」(現在、NPO法人「高齢社会をよくする女性の会」)の一〇周年大会で、秋山ちえ子氏(評論家)と永六輔氏(放送作家)をチルチル、ミチル役として、「老いの青い鳥を求めて」という寸劇シンポジウムを上演した。老いの「ついのすみか」を求め、単に場所だけではなく介護を誰が担うかを問うものであった。介護保険論議が本格化する三年前、ゴールドプラン以前のことである。「青い鳥」はなかなか見つからないのだが、寸劇の最後に私たちが掲げたスローガン一〇項目を紹介しよう。

①出前迅速、屋号は福祉／②小学校区を保老区に／③SOSはいつでもOK／④往診なければ在宅で死ねず／⑤医師養成に老年科は必須／⑥ついのすみかは個室が当然／⑦看護・介護は誇れる仕事／⑧公務員は必ず福祉現場で研修を／⑨なくせ老いたホームレス／⑩介護と仕事が両立する世の中に――。

あれから二十余年たち、介護保険制度の実現でかなり世の中の風景は変わったものの、この一〇項目の提案は今なお新しい。「仕事と介護の両立」のように今ようやく注目されてきたテーマもある。特に、②「小学校区を保老区に」はこれからの問題であり、一九九二年という時期に提起したことを私たちは誇りに思う。人生一〇〇年、出発点と終着地は地域。二一世紀半ばの社会において、今の行政区分と正確に重なるかどうかは別として、老いの終着地は多くの場合、地域しかない。子どもと高齢者の徒歩圏内と言えば、小学校区が最適であり、本書が提案する「集いの館」ともピタリ一致する。また厚労省が二〇一三年以来、今後の高齢者医療・介護の提供体制として推進する「地域包括ケアシステム」の構想とも一致する。

このファミレス社会において、支え合い助け合う「援」の「縁」を結ぶ場は、企業、学校、商業地域、福祉施設など多様なアクターが考えられるが、それらを包括する場としては、地域が最適だろう。政府が進めている地域包括センターの構想は中学校区単位であり、何はともあれ、設置率四〇％四三〇〇カ所を目標としている。しかし、私たちの提案のように小学校区とすると、現時点では二万二〇〇〇カ所となり、人口五八〇〇人に一カ所ということになる。人生の入り口と出口は義務教育の小学校。いいではないか。

人生後半第二の義務教育

日本の高校進学率は二〇一五年で九七％。団塊世代の大半は小中高と一二年間教育を受け、一五％

は短大・大学卒の資格を持つ。一九五〇年代生まれも含めると、二〇五〇年の高齢者は平均一四年間教育を受けたことになる。日本の高齢者の教育レベルは他の先進国と比べても高水準にあり、これから生かすべき社会資源である。一方、現在の高齢者が二〇歳ごろまでに受けた教育は、人生一〇〇年の前半五〇年からせいぜい六五年――第一の職業の定年をゴールに設定した教育だった。後半の人生を設計するための材料を持たず、自分自身の加齢による心身の変化についてさえよく知らない(文部科学省二〇一二年「長寿社会における生涯学習の在り方について」報告書)。

高齢者が今後を生きるために必須の介護保険法、後期高齢者医療制度、高年齢者雇用安定化法、高齢者住まい法のいずれも、この二〇年間に新設されたり大きな改正を行ったりしている。改めて学ぶべき課題は山積している。

常識の尺度が変化していることも学ぶべきだろう。男性の、ときには女性自身の女性に対する認識はその一例である。今七〇代の男性が結婚適齢期だった四〇年前、夫が妻を殴ることは、褒められたことではないが、地域・家庭によっては容認される雰囲気が残っていた。それが場合によっては刑法に触れ、基本的に不正な行為と定められたのは二〇〇一年のドメスティック・バイオレンス防止法(DV法)制定以来である。このとき彼らはすでに六〇代に達していた。多くの男性は、このような法制定に無関心のまま生きてきたに違いない。人生は長く変化は激しい。法治国家に住む身にとって、何が正であり何が不正と見なされるか、この世に生きてある限り認識する必要がある。

高齢市民として必要な常識の入れ替えとともに、時代が求める能力――たとえばICTの技術などの習得は、行政の支援を受けて常に開講されるべきだ。スウェーデンでは、行政手続き、福祉受給手続きなどは、窓口を訪れるよりICT操作による申し込みが優先されると聞いた(二〇一二年訪問時)。その代わり、地域にボランティアによる高齢者向けパソコン講座が常時開設されている。高齢者の就労対策としても意味があるだろう。

小学校区に、空き教室など利用して開設される集いの館は、人生一〇〇年の後半を生きる市民の「第二の義務教育」の場である。

世代間交流の場として

人生一〇〇年社会は、人生五〇年時代に比べて世代の多様性が倍増、人生六五年時代と比べても五割増しになった。かつては書籍や映像による記録でしか伝達できなかった事実と思いを次の世代に直接伝えることができ、反論を受け止めることができる。世代間対立を解消し、連帯するきっかけにもなり得るだろう。「地域こぞって子育て」をする多世代の協力の現場になり得る。人生一〇〇年社会は四世代共生社会であるにもかかわらず、世帯構成は年とともに核家族化、単身化していく。地域全体を「四世代共住社会」とするつなぎ目の役割を、集いの館は果たすことができる。

成年(身上)後見役割

ファミレス社会の進展によって、急速に身近に三親等以内の親族のいない人たちが増えるであろう。介護を中心とする身辺の生活サービスに家族の支援が得られない人々が多くなる。さらに日常生活の金銭管理から始まって、貯蓄・不動産などの管理が必要となる。

ドイツは介護保険制度発足と同時に世話人法をつくった。日本でも民法を改正し、成年後見に関する制度が大きく変わったが、現状では成年後見制度の利用者は二〇一〇年一四万三〇九件、直近の二〇一四年一七万六五六四件と顕著な伸びを示していない。現在の地域包括センターでの権利擁護事業と協力しつつ集いの館が窓口機能を、少なくとも学習・情報提供機能を担うことは可能であろう。

健康づくり——栄養、運動、社会参加

大介護時代のにっぽん崩壊（第二の敗戦）を防ぐには、根本的には高齢者介護費用を公共事業、人間の安全保障費として計上するのが第一の前提である。同時に、その大介護の高波を少しでも低くし、要介護となる時期を少しでも遅らせ、かつ短くすること。平均寿命と健康寿命の差を縮小することは、個人にも社会にも望ましいとして、今や誰もが提唱している。

高齢者の健康増進には、栄養、運動、社会参加が三大要素だと言われる。栄養については、食品販売、カフェ、レストラン機能を整備し、料理教室がそのまま昼食につながるような企画をすることも可能だろう。一人暮らし・老夫婦暮らしが高齢者世帯の過半数を占め、最近では私が「中流低栄養」と名づける一種の「食事難民」が目立つ。中流であるからには食品の購買費がないわけではない。しかし、年とともに「一人の調理」の気が重くなり、あり合わせのパンと牛乳、野菜ジュースという献立が増えていくのだ。二〇三〇年に向けて高齢者人口が三五〇〇万人を超えるとき、推計によれば、一人暮らしは二一％で七三〇万人、老夫婦世帯を合わせると二〇〇〇万人近くに及ぶ。

人は食べることで生きている。何を食べるか、どのように食べるかは、その社会のありようを映し

出す。人間の集団性は調理や食事によって保たれ培われたのではないか。共に食することで人は家族となり地域の人となる。労働の場において、社員食堂は企業ブランドとしても注目されている。

とくに食事と買い物

「健康」が国是というフィンランドを三年前に訪れたとき、当局は欧州で珍しく、学校で「温かい給食」を提供していることを誇り、「たとえ両親が忙しく貧しい家庭の子であっても、三食のうち、せめて一食が十分なら未来の国民の健康維持につながる」と述べた。一人暮らし・老夫婦暮らしが急激に増えるとき、地域のなかに徒歩圏で通える食の場は必須条件である。スウェーデンのストックホルムでは、大規模高齢者住宅の食堂がつねに近隣の高齢者はもちろん地域住民に開放されていた。

集いの館の「集い」の要は、食事であり、食品を中心とした生活必需品の購入機会提供であろう。日本のさまざまな地域づくりのモデルを見てきて、私は、買い物の機会提供が軽視されたり、せいぜい巡回車を回す程度でしかないことを不満に思った。一九九一年に国連で採択された高齢者五原則の第一項は「自立」である。自立した行為とは、言葉を変えれば「自己決定」であろう。自分の住まいを含めた衣食住の日常生活を、人々は「自己決定権」などとことごとしい言葉を使わずとも、日々それを行使して生きている。その最も普遍的かつ象徴的な行為が買い物であろう。市場のざわめきは、一人ひとりの自己主張、自己決定の実現の喜びに裏づけられている。否応なく人と人との出会いがある。多くの商品を見比べ、選択し、決断し、購入する。たった一把の青菜を選ぶために、一人の高齢者は商品をためつすがめつ点検し、ついに「私の」一把を選び出す。その前には、新聞折り込みチラシを精査し、この日の目玉商品をあらかじめ選び出しているかもしれない。私は高齢者の利便性のために、生協やスーパーが行う個別の配達は、大いに盛んになってほしい、と願っている。と同時に、一定の運動能力に恵まれている限り、高齢者自身による買い物行動には、買い物のスポットのみならず選択と自己決定という人間の心の躍動に直結するひとつづきの時間が込められていることを知ってほしいと思う。買い物という人生の快楽。市が立ち、交易をすすめ、物流を発展させ、人の交流と出会いが増える。高齢者の何種類かの行動への参加頻度と、本人の生存・健康との関連を長期間追跡した公衆衛生医学者・星旦二氏（首都大学東京教授）は言う――「買い物をよくするグループでは、生存・健康の確率が高いことが確認されました」。

以上、健康保持のため、特に食事・栄養の保全について集いの館が果たし得る役割について述べた。人生一〇〇年に向けて体力維持を目標とする「体育」は、人生第二の義務教育において人気課目となるはずだし、「館」に集い、そこで技能を習得して、お役立ち労働、ボランティア活動に参加すれば社会参加の拠点となるだろう。

孤立は若者にも高齢者にも不健康につながりやすく、ときには非行の温床にもなりかねない。

おわりに

二〇五〇年のにっぽん。今すでに八〇代に達した私にとって、自分自身の人生の未来ではない。そのころ私はとうに世を去り、二〇五〇研究会で議論を交わした五〇代、四〇代の研究者たちは後期高齢者、つまり今の私ぐらいの年齢になっている。その若い世代の仲間に入れてもらい、超高齢化への道をふり返り、かつ未来を語り合うのは、深刻な問題であるにもかかわらず、基本的に楽しい作業であった。過去を踏まえ、現状を分析し、未来構築の道を探る。それは人間にしかできない営みである。現状の問題点を指摘し、その原因を究明することは大切だと思うが、私は変化を等身大に受け止め、そこから解決の道を探ることを選んだ。今ある現実は受容せざるを得ないからである。そこからどんな未来を創り出すか、人口構造をはじめ、今ある大前提の中で私たちはどんな価値を生み出すか。

家族はこれからも基本的な人間関係の出発点であり、すべての人は親から生まれる。しかし人生一〇〇年という長寿社会。さまざまな事故に出会う確率も高いことを思えば、他人であっても支え合うことに価値を見出し、そのようなシステムを普遍化することが、多くの人の幸せにつながるのではないか。個人の脆弱性を社会の強靱性に転換する方策がそこにある。

血縁でなくても支援し合う。支援し合うことが新たな縁を生む。そのような社会が実現したとき、現在の競争社会は少し落ち着きを取り戻し、不利な立場の人を決して置き去りにしない未来が見えてくるのではないか。高度経済成長の余慶を受けて、私たち高齢者は半世紀前の老人が想像もつかぬ豊かさの中にいる。だからこそ、この平和と豊かさの賜物である長寿を享受しつつ、私は心の中で「食い逃げするは年寄りの恥」と自らに言いきかせ、無い知恵を絞るのである。

第三章　生涯現役社会を創造する地域社会の改革

前田展弘

二〇五〇年の未来、日本は確実に成熟した〝生涯現役社会〟になっていなければならない。七〇歳になっても八〇歳になっても、誰もが地域社会の中で活き活きと活躍し続けられる社会だ。この社会の実現は、本格的な少子高齢社会を迎えるわが国にとって、極めて重要かつ喫緊の課題であり、二〇五〇年に実現していないということは考えられない。二〇五〇年には、年齢にかかわらず誰もが活躍し続けることが〝当たり前〟の社会になっているであろう。

ただ、その社会の実現までの歩みはまさにこれからである。生涯現役社会の実現には地域社会の改革が不可欠であり、改革をリードする担い手（人や拠点）が欠かせない。本書で紹介する「集いの館」はその担い手の有力な候補の一つである。本章では、生涯現役社会の必要性、生涯現役社会に向けた地域の取り組み事例、そして生涯現役社会の創造に向けた改革方向について私見を述べる。

なお、「生涯現役」という概念の捉え方は、受け取る人によって多少の差異があるだろう。本章では、「年齢にかかわらず社会の中で生きがいをもって活躍し続けられること」と定義し、活躍の場は「仕事」と「社会参加活動（ＮＰＯ、ボランティア、生涯学習、サークル活動等の地域活動）」と広く捉えることとする。

1　生涯現役社会の必要性

人生一〇〇年時代、「多毛作人生」の実現を(個人の視点)

生涯現役社会の必要性はさまざまな文脈で語ることができる。まず「個人」の立場から述べてみたい。「生涯現役であることが必要だ」と言われても、なかには、私は自営業だから関係ない、私も専業主婦(夫)だしあまりピンとこない、あるいは、お金さえあれば早く引退してのんびり暮らしたい、そう思う読者も少なくないかもしれない。確かに、いわゆる老後の余生はゆっくりしたいものである。しかし、これらは一昔前の発想であろう。

現代社会を生きる私たちは、人生九〇―一〇〇年にも及ぶ長寿の可能性がある。さらに高齢者の心身機能は昔よりも若返っている。鈴木隆雄氏の報告によれば、同じ年齢の高齢者の体力を二〇年前と現在とで比べてみると、一〇歳程度若返っていることが明らかにされている(1)。つまり現在の六五歳は昔の五五歳、七五歳の人は昔の六五歳ということだ。私たちは若返りながら長生きできるようになってきているのである。高齢者の健康状態等は多様であって、一概に述べることは本来差し控えるべきであるが、実際、元気で若々しい高齢者は非常に多い。そのような元気で有能な高齢者が、現在は六〇歳あるいは六五歳というタイミングでいわゆる現役生活から強制的に引退させられてしまっている。これは本人にとっても社会にとっても不健康極まりないことである。実際、現役生活から引退し、地域に戻った人をみると、〝やることがない、行くところがない、会いたい人もいない〟と、〝ない・ない〟づくしの生活に陥り、自宅に閉じこもってしまう人が少なくない。そうした生活を送ると、すぐに廃用症候群（生活不活発病）となって健康を損ねてしまう。また「夫在宅ストレス症候群」という言葉が近年登場したように、家にばかりいる夫にストレスを感じる妻も少なくないようだ。

少し脱線したが、人生九〇―一〇〇年という人生の長さに照らして、六〇歳あるいは六五歳で社会から引退するのは明らかに早すぎるのである。現役生活と引退後の生活時間の長さが、同じ一一万時間と言われるように、定年後の時間は実に長い(2)。退職後も一つ二つのキャリアを積み重ねたり、地域にデビューして活動するなど、本人の意思と環境が整えば新たなライフステージを築くことは本来いくらでも可能なはずである。「人生多毛作」と言うべき生き方だ。長寿時代を生きる私たちの特権と言うべきことである。元気でまだまだ活躍できるのに活躍できない、社会における自分の明確な居場所が見つからない、こうした課題に直面している高齢者は少なくない。また一方で、経済的な不安を抱える高齢者も少なくない。年金＋αの生活費を望む高齢者は多い。こうした高齢期の生活ニーズ（不安・不満の解消を含む）を満たすためにも、生涯現役社会は絶対に必要であり、一日も早く構築しなければならないのである。

生涯現役社会づくりは時代の要請（社会の視点）

また社会にとっても、生涯現役社会の実現は急がれる。社会を持続的に維持していくための必須条件とも言える課題である。周知のことではあるが、少子高齢化という人口構造の変化は、未来社会に暗い影を落としている。国全体の労働力や生産性の低下であったり、社会保障費の急騰が予測される

出所）筆者作成.

図1　生涯現役社会の実現がもたらす多面的効果

からである。このため高齢化することは常にネガティブに語られてしまう。しかし、それは誤っている。長生きに成功した高齢者が増えることは、社会の豊かさがもたらした成果であり、本来は喜ぶべきことである。諸悪の根源は、「社会の支えあいのバランスが崩れている」こと、より正しく言えば、少子高齢化の人口構成変化に合わせた「社会の支えあいのバランスを修正できていない」ことである。よくこの話で取り上げられる数値として「扶養率」、つまり現役世代(二〇―六四歳)が何人で一人の高齢者(六五歳以上)を支えるかの割合を示す数値であるが、二〇一五年では「二・一人」、二〇五〇年では「一・二人」と予測されている。[3] 現在の状況も問題であるが、二〇五〇年の一人の現役が一人の高齢者を支えるような社会は、年金財政を含めて決して立ち行かないことは明らかであろう。この支え合いのバランスを修正(改善)すること、つまり年齢にかかわらず活躍し続けられる人（高齢者）を一人でも多く増やしていくことが、本格的な高齢化が進む日本社会を維持していくために最も有効な手段と言える。生産者であり、消費者であり、納税者であり続ける人（高齢者）を増やすことが、社会として望まれることである。

また、生涯現役社会づくりの社会的効果はこれだけに限らない。高齢期に社会で活躍し続けることが、高齢者本人の健康や生きがいに効果があることは、仮説ながら定説となっている。健康を維持する高齢者が増えれば、医療や介護費の節減につながることが期待される。また地域力の向上であったり、社会的孤立の予防の効果も期待される。近年、地域における人と人とのつながりの希薄さから高齢者の孤立死の問題が顕在化しているが、地域社会で活躍し続けられれば、必然的に人と人とのつながりが構築される。

このように生涯現役社会の創造は、個人と社会の双方に多面的な効果をもたらすのである。

2　生涯現役社会づくりに向けた地域の具体的取り組み（千葉県柏市）

生きがい就労事業の創造

こうした課題認識のもと、生涯現役社会づくりに向けて取り組んだ一つの事業を紹介しよう。それは、千葉県柏市における「生きがい就労事業」である。これは筆者が所属する東京大学高齢社会総合研究機構と柏市役所、UR都市機構の三者がタッグを組み、二〇〇九年度から柏市豊四季台地域を舞台に「長寿社会のまちづくり」プロジェクトの一環として開発した事業である。

柏市は人口四〇万人、東京都に隣接する典型的なベッドタウンである。同市の豊四季台地域には、築四〇年を超える大規模なUR都市機構の団地があり、中心部は高齢化率が四〇％を超えている。団地の建替とともに、高齢化に対応した地域の創り直しが喫緊の課題であった（二〇〇九年当初）。新たなまちづくりのコンセプトは"Aging in Place"――住み慣れた地域で最期まで自分らしく老いることができるようにすることである。具体的には、高齢期の安心を提供するための「地域包括ケアシステム」の構築、もう一つは「歩いて暮らせる住空間の環境整備」、そして「生きがい就労事業の創設」の三つの取り組み、言わば、高齢期の安心と暮らしやすさと生きがいを追求する取り組みである。これは高齢者のためだけでなく、若い世代にも将来に向けた希望を提供するまちづくりとして進められたのである。

生きがい就労事業の創設の発端は、地域住民どうしのつながりの希薄さを改善することであった。柏市で暮らす現役世代の多くは、東京都等に通勤して自宅には寝に帰るような生活をしている人が多く、地域とのつながりが薄い。その結果、リタイアした後、地元に戻っても知り合いがいない。さらに活躍したい、参加したい場所も近くに見当たらないため、多くの人（高齢者）が自宅に閉じこもってしまっていた。そこで私たちプロジェクトのメンバーは、どうすれば自然な形で外出してもらえるようになるか、そのことを住民（高齢者）一人ひとりに聞いて歩いた。その結果、明らかになったのは、「仕事」の場がほしい、ということだったのである。ただ、現役時代と同じような月曜日から金曜日までのフルタイムでの働き方は誰も望んでおらず、自分のペースで無理なく、そして楽しく働ける場所が求められていた。他方、地域（自治体）にとっては、まだまだ元気で活躍できる高齢者を地域の課題解決に活かしたいという思いがあった。そこで「無理なく楽しく働けて、かつ地域の課題解決にも貢献する」、そうした〝生きがい就労〟ができる場を開拓することにしたのである。

約二年の月日をかけて開拓した生きがい就労の場は、「農業、食、保育、生活支援、福祉サービス」の五つの分野における八つの事業である。①休耕地増加の問題と農業の後継者不足の問題解決に向けて、休耕地を開墾しながらの「高齢者による農業事業」、②団地内の空きスペースの有効利用と職住接近をはかる「植物栽培ユニットでの葉物野菜の栽培事業」、③団地の屋上を有効活用する「屋上農園事業」、④七五歳以上の後期高齢者、単身高齢者の増加が見通されるなかで、当該層を含めて地域の食を支えるための「コミュニティ食堂事業」、⑤地域の子育てを高齢者が支える「子育て事業」、⑥高齢者の経験・スキルを子どもへの教育場面で活かす「学童保育事業」、⑦元気で比較的若い高齢者がさらに高齢の高齢者を支える「生活支援事業」、⑧人手が足りない介護現場を支える「福祉サービス事業」である。いずれも地元の事業者が雇用の受け皿となって、高齢者の雇用を積極的に行ったのである。その雇用に至る橋渡しをプロジェクトメンバーの我々が行い、二〇一二―一三年の二年間で延べ二五〇名の高齢者雇用を実現した。また、無理なくマイペースで働けるように、積極的にワークシェアリングを導入したことも生きがい就労事業の特徴である。一つの業務を三―五人の高齢者が担当することで、各人はそれぞれの都合に応じて、よりフレキシブルに働くことができる。なお、高齢者を雇用に結びつけるプロセスは、住民(高齢者)向けのセミナー(セカンドライフの新たな活躍を動機づけるセミナー)を継続的に開催し、そのセミナー参加者に生きがい就労事業の説明(情報提供)を行うというシンプルなものである。

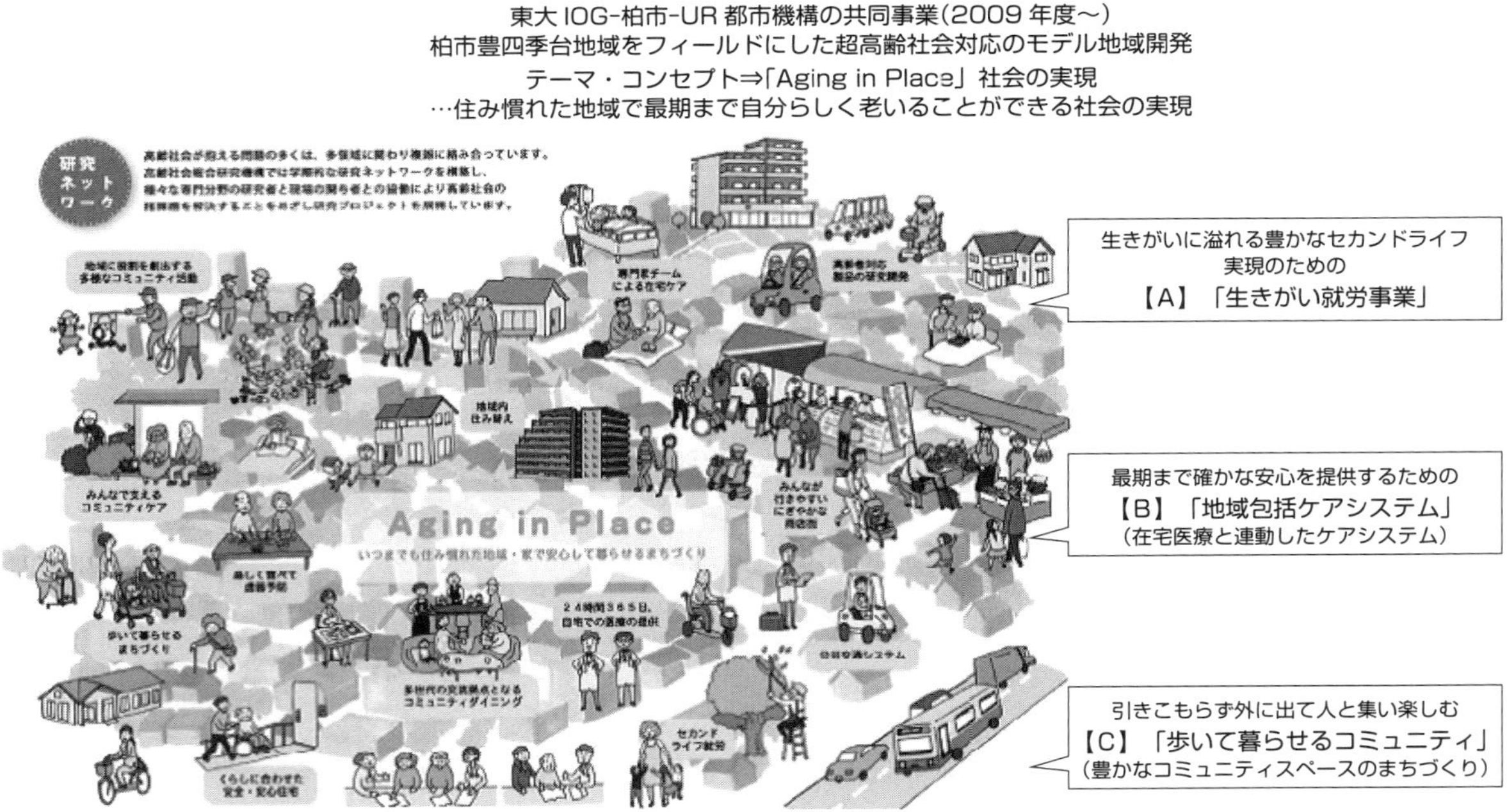

出所）東京大学高齢社会総合研究機構作成資料をもとに筆者作成.

図2　柏市における「長寿社会のまちづくり」プロジェクトの概要

高齢者を受け入れる事業者からは、「早朝や午後の少しだけなど短時間の労力が欲しいときにシニアの就労は助かる(短時間だけでは若者を雇用できない)」、「若者は教育コストがかかるが、高齢者はかからない、即戦力として活躍してもらえる」、「最低賃金レベルのコストで有能な人材を雇用できるのはありがたい」、「高齢者に周辺業務を担ってもらえることで、保育士や介護士が本業に専念できて事業全体としてのパフォーマンスが上がった」等、経営にとっても有効であったとする声を聞くことができた。

また、生きがい就労を始めた高齢者からは、「シルバー人材センター等では年齢を理由にまったく働く場所を提供してもらえなかったが、こうして新たに働くことができて嬉しい、生きがいになった」、「地域に友人はいなかったが、新たに仲間ができてよかった」、「わずかながらも年金以外の収入が得られることで、旅行やおいしいものを食べるなど新たな楽しみを持つことができた」、「何よりも生活のハリができて、規則正しい生活に戻った。就労のある日は身だしなみを整え、気分的にもハリを感じる」等の声を数多く聞くことができた。

セカンドライフ支援プラットフォーム構築事業への展開

このように生きがい就労事業は、リタイアした高齢者の新たなセカンドライフ(キャリア創造)を支援する取り組みとして一定の成果を得られた。しかし、これで終わりではなく、本事業は二〇一四年度から「セカンドライフ支援プラットフォーム構築事業」(以下、プラットフォーム事業)として新たな展開をはかっている。この事業は今後の生涯現役社会づくりの〝核〟となる仕組みとして期待される。

高齢者は健康状態、経済環境、家族構成、これまでのキャリアや価値観等が多様であり、セカンドライフに対するニーズも極めて多様である。働きたいというニーズも、業種、賃金、勤務時間等をセグメントすればさまざまであり、起業したいという声も多い。また就労に限らず、NPOやボランティア、生涯学習や地域活動等、多様なニーズが確認される。個人のセカンドライフにどこまで地域社会が介入するのかと批判的意見もあるかもしれないが、生涯現役社会を真に創造するには、これらの多様なニーズに応えていく必要があろう。

そこでプラットフォーム事業は、リタイアした高齢者が「これから何をしたいのか」「どのような活動に参加したいのか」、それらのニーズを一元的に受け止め、適所に誘導することを試行している。このニーズのマッチングを実現するには、地域の資源(仕事を含む活躍できる場など)と関連する情報の一元化をはかること、またそれらを所管する関係者・機関の関係構築(ネットワーク化)をはかる必要がある。地域コミュニティの大きな改革とも言うべき梃《てこ》入れである。柏市では、情報の一元化に努めながら関係者・機関のネットワーク化をはかり、専用窓口の設置(市役所内)を行った上で、セカンドライフニーズと活躍する場所のマッチングを日々重ねている。まだ構築して日が浅いため、実績は僅かであるが、今後もより効率的で効果的な事業となるようにプラットフォーム機能の強化をはかっていく方向にある。

次代の高齢者(五〇—六〇代)のリタイア後の社会参加ニーズ

なお、参考までに筆者が行った調査結果を紹介したい。〝次代〟の高齢者である五〇—六〇代の人が、リタイア後、どのような社会参加を望んでいるのかを調べた結果である（図3）。現在五〇―六九歳の人（全国五〇〇〇名）に〝六五―七九歳〟の期間をイメージしてもらった上で、どのような活動に関心があるかを尋ねてみると、最も関心が高かったのは、「雇用されて働くこと」であった。国際比較においてよく強調される「日本人の高齢期における就労意欲の高さ」を物語る結果と言えるが、同時に経済的不安を裏付ける結果とも解釈できる。次に関心の高い活動を見ると、「健康」「自然」「食」「芸術」「学習」といったテーマが並ぶ。これらを通じては、〝自らの感性を磨く〟、〝新たな自分探し〟、〝自分のためになる〟といったことが共通のニーズとして受け止められた。

他方、「ボランティア」「環境問題」「地域貢献」「つながり」「防犯」「まちづくり」「福祉」といったテーマについては、関心があると回答したのがいずれも三割以下であり、関心が高いとは言い難い。地域の立場に立ってこれらの活動に高齢者の力を求めるならば、地域貢献や福祉の精神等の理念を強調するだけではなく、利他的活動が本人のためになる具体的なインセンティブを設けていくことが参加を促すポイントと考える。

3　生涯現役社会の創造に向けた地域社会の改革方向

生涯現役社会の実現に向けては、柏市のように現在進行形で取り組む地域も見られるが、全国各地の地域で、高齢者が年齢にかかわらず活躍し続けられるようにするためにはどのようなことが必要か、私見を述べてみたい。

	全　体		男女別			
			男　性		女　性	
	平均得点	順位	平均得点	順位	平均得点	順位
雇用されて働くこと	3.36	1	3.46	1	3.27	5
健康づくりの活動	3.36	2	3.29	3	3.43	1
自然と触れ合うことができる活動	3.35	3	3.36	2	3.35	2
食に関係する活動	3.23	4	3.11	4	3.35	3
芸術・音楽活動	3.17	5	3.04	5	3.29	4
生涯学習活動（学ぶ，交流中心）	3.11	6	3.02	6	3.19	6
ボランティアで働くこと	2.97	7	2.96	10	2.97	8
環境問題に取り組む活動	2.96	8	2.98	8	2.94	9
地域に貢献する活動（貢献する活動であれば何でも）	2.95	9	3.00	7	2.90	10
地域住民のつながりを築くような活動	2.92	10	2.94	12	2.89	11
地域の治安や防犯に関する活動	2.90	11	2.98	9	2.84	13
まちづくり活動	2.88	12	2.95	11	2.80	14
福祉関係のサポート活動	2.87	13	2.85	14	2.89	12
教育活動	2.82	14	2.84	15	2.80	15
次世代，子供と交流できる活動	2.82	15	2.83	16	2.80	16
美容に効く活動	2.77	16	2.50	21	3.03	7
子育て・育児サポート活動	2.68	17	2.59	20	2.76	17
起業して働くこと	2.67	18	2.83	17	2.52	19
異性と交流できる活動	2.61	19	2.86	13	2.37	21
海外で活躍する（奉仕活動等）こと	2.60	20	2.61	19	2.58	18
協同組合に属して働くこと	2.53	21	2.61	18	2.45	20

諸活動への参加関心度

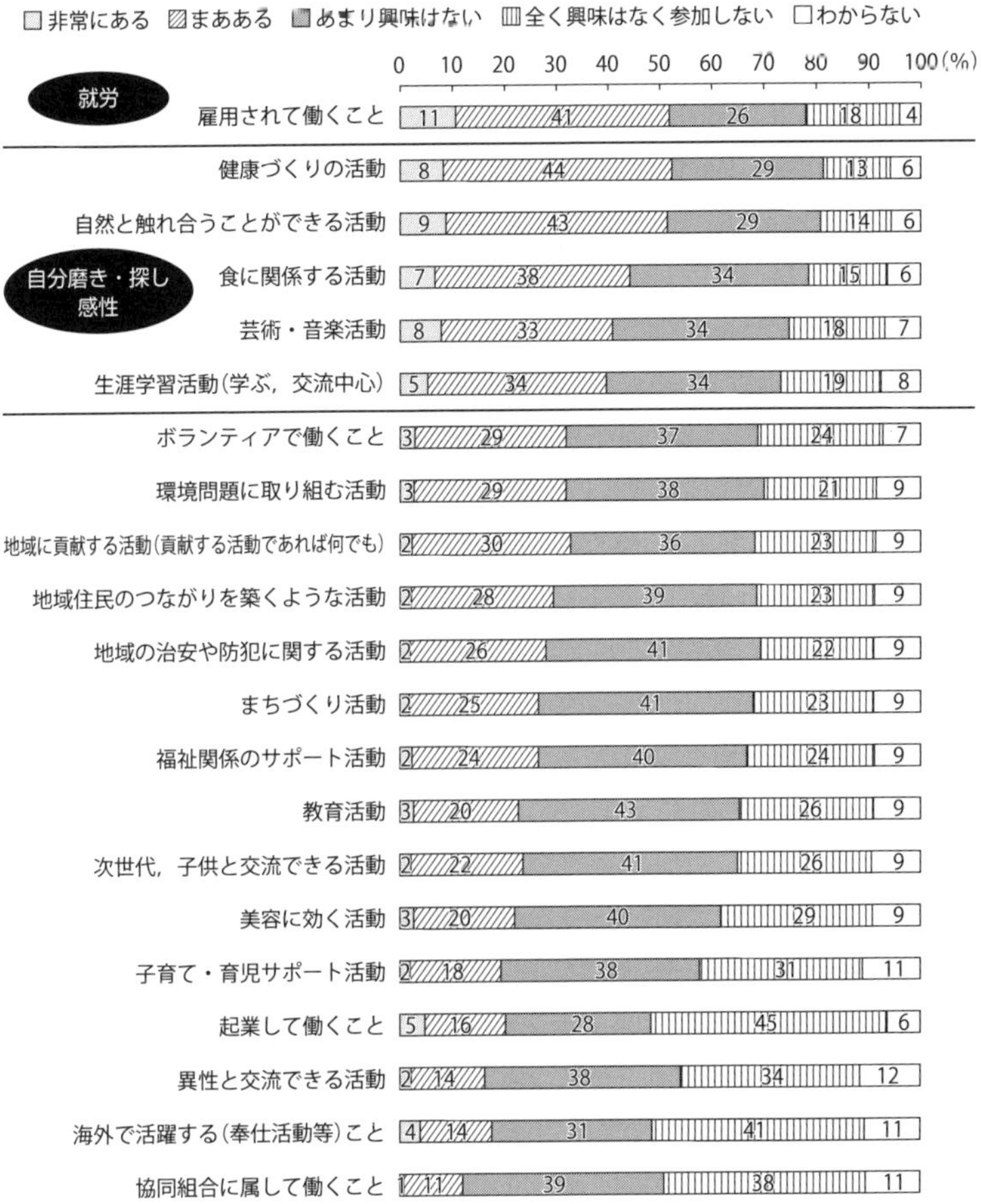

出所）平成25年度厚生労働省老人保健健康増進等事業「高齢者の社会参加の実態とニーズを踏まえた社会参加促進策の開発と社会参加効果の実証に関する調査研究事業」より．全国47都道府県在住の50-69歳の男女5000名が対象．東京大学高齢社会総合研究機構調べ．

注）平均得点は，「非常にある」5点，「まあある」4点，「あまり興味はない」3点，「全く興味はなく参加しない」2点，「わからない」1点として算出した．

図3　将来(65-79歳)における

活動のエンジンの確保と設置

まず必要なことは、生涯現役社会の創造を志向し、それを推し進める活動の〝エンジン〟となるべき人、機関を確保し設置することである。エンジンがなければ物事は何も進まない。当たり前のことかもしれないが、非常に重要なことである。高齢者の就労や社会参加を促す取り組みは、全国各地で数え切れないほど行われているが、仕事の場にしても、地域活動にしても、残念ながら高齢者（特に次代の高齢者）に魅力的な場所や機会が少ないのが現状である。このまま誰もこの領域にメスを入れなければ、おそらく何も変わらない。結果として、高齢期に活躍の場を失い途方に暮れる高齢者だらけの地域になってしまう。何もすることがない高齢者が増える地域と、活き活きと生きがいをもって活躍し続けられる高齢者が増える地域とでは、未来の地域のあり様は一八〇度異なっていくであろうことは言うまでもない。現時点では、特段の法律改正だったり行政指導があるわけではなく、そうしたなかで高齢者の生涯現役の活躍を支援するには、そのことの使命と意思を持った活動の〝エンジン〟がどうしても必要である。そのエンジンの発掘と設置が最初の課題と言える。

セカンドライフ支援プラットフォームの創り方（①現実的な環境整備策）

次に、活動のエンジンがプラットフォーム事業を営むことを理想と考える上で、どのように事業を創造していくか、必要条件（課題）を挙げてみる。まず、①活躍できる場に関する情報（地域資源）の収集方法（ルール）の整備である。高齢者の就労および社会参加活動に関する情報について地域全体の情報を網羅的に把握している機関は、全国各地を捜してもどこにもないのが実状と思われる。しかし、プラットフォームを機能させるには、この情報の一元化をはかる作業と継続的に情報が更新される方法(ルール)を整備していくことが必要となる。

次に、②既存組織とのネットワーク化と有機的な連携方法の確立である。情報の一元化をはかるとともに、「人・組織」単位でのネットワーク化(関係構築)が必要である。また関係部署・機関の双方が得る新たな情報をどのようにシェアするか、組織横断的な連携方法に関するルール化も必要となる。異なる機関の情報を共有する、たとえば「地域版クラウドシステム」といったシステムの開発や利用も有効な手段と考える。

そして、③住民(高齢者)に対する効果的な動機づけ機会の整備と啓発方法も大事である。実際、社会参加に積極的ではない高齢者も少なくないわけであるが、本人の価値観の問題ではあるものの、少なくとも活躍を促す機会の提供は社会として必要である。リタイアした高齢者を集める会合(「六〇歳になったら集まる会」等)が一部の地域で開催されているが、人生九〇—一〇〇年を射程に入れたライフデザイン、積極的なセカンドライフの創造を促す動機づけの機会は、生涯現役社会づくりに欠かせない要素と考える。こうした機会は、高齢者に限らず、若中年層まで対象を拡大させてもよい。各自治体の必須の取り組みとして定例化されることが望ましい。

セカンドライフ支援プラットフォームの創り方（②革新的な環境整備策）
——地域組織・機能の最適化に向けた改革

プラットフォーム事業の構築に向けて、もう少し踏み込んだ意見を述べておきたい。筆者として強調したいのはこの革新的な取り組みである。

プラットフォーム事業も然り、そもそもの活動のエンジンを支える「ヒト・モノ・カネ」、つまり事業を持続させる資源・財源をどう確保するのかが極めて重要な問題である。よく国や自治体等からの補助金をもとに立ち上がっては消えてしまう事業が少なくないなか、この問題をクリアしない限り、生涯現役社会は創造できない可能性がある。

では、どうすればよいのか。非常に難しい問題ではあるが、次のことが必要だと考える。それは「地域における既存組織の機能の最適化と融合」の実施である。地域においては、あらゆる組織・団体が存在し、各々が独立した活動（事業）を展開している。しかし、地域社会の課題を解決するという目的を考えたときには、各々がバラバラに活動するのは明らかに非効率である。高齢者の就業に関しては、シルバー人材センターおよびハローワークがその橋渡し的サポートを行っているが、高齢者（特にホワイトカラー出身者）に魅力ある仕事はなかなか提供できていない。また社会福祉協議会や地域包括支援センター等、地域を支える機関がある。新しい仕組みの開発、新たな財源の捻出には、「無駄」を削除していかなければならない。屋上屋を重ねるようなことになっては非効率さを高めるだけになる。各既存組織の「費用対効果」の検証を行いつつ、地域課題に対する機能の交通整理ともいうべき最適化の作業をどこかでやる必要があろう。そのことを行うには相応の負荷が生じ、また既得権から生じる利害関係の調整といった問題も生じるかもしれない。しかし、一方で最適化によるシナジー効果も期待できる。未来社会に必要な「生涯現役社会」を実現するには必要な改革と考える。

生涯現役社会に向けたパラダイムシフト

最後に、生涯現役社会の創造に向けて最も根底にある課題、年齢に対する偏見〝エイジズム〟についても言及しておきたい。年齢は社会の制度やシステムを構築するために必要なツールではあるものの、それ以上でも以下でもない。しかしながら、特に就労の場面では、高齢になるほど能力や体力が低下するような偏見がどうしても潜在的に存在している。加齢に伴い伸びる能力(結晶性知能)もあり、そもそも高齢者といっても能力や体力は多様である。年齢という尺度を抜きにした社会制度の改革が望まれる。

また「高齢者」の社会的価値を今日的に見つめ直すことも必要だ。高齢者の価値というのは社会が決めていることで、時代とともに変化をしている。かつて農業中心の大家族中心の時代は、高齢者の有する経験や知識が重宝され高齢者の社会的存在価値は非常に高かったのであるが、科学技術の進歩と産業構造の変化(一次産業から三次産業への需要シフト)に伴い、高齢者の価値は次第に低下してきたという経緯がある(＝近代化理論)。高齢者はあくまで人生の先輩であり、誰もが高齢者となっていくのであり、今日的に改めて社会全体で〝高齢者を必要とする〟価値観を醸成する取り組みが重要と考える。

未来を築くのは今を生きる私たちである。安心で活力ある豊かな超高齢社会、加齢に価値と喜びを感じられる社会にしていくには、生涯現役社会の創造は欠かせない。そのためには、高齢期の多くを過ごすことになる地域が不断の努力を重ねるなか、セカンドライフを支援する仕組みを構築することが必要である。そのなかで、「集いの館」が地域資源の最適化を通じて他の機関と有機的なつながりを持ちながら、地域住民の生活を支える役割を担っていくことを希望する。

注

（1）鈴木隆雄他「日本人高齢者における身体機能の縦断的・横断的変化に関する研究」『厚生の指標』（第五三巻第四号、二〇〇六年四月、一―一〇頁）より（一九九二年と二〇〇二年の調査を比較した結果）。

（2）【現役生活】勤務時間＝一日一二時間（通勤・休憩時間含む）／勤続年数＝二二歳から六〇歳まで三八年間／一二時間×週五日勤務×五〇週×三八年＝一一万四〇〇〇時間

【定年後】自由時間＝二四時間マイナス一〇時間（睡眠＋食事＋入浴等）＝一四時間／六〇歳時平均余命八二歳（男性）マイナス六〇歳＝二二年／一四時間×三六五日×二二年＝一一万二四二〇時間

（3）国立社会保障・人口問題研究所「日本の将来推計人口（平成二四年一月推計）」、出生中位（死亡中位）推計結果。

第四章　単身社会のゆくえと親密圏の再構築

宮本みち子

1　単身社会への歩みは進む

二〇五〇年は一人暮らしが多数派となる。家族構成の今後の趨勢を見ると、単身世帯、なかでも高齢単身世帯の増加が著しく、二〇三〇年には全世帯のうち三世帯に一世帯が単身世帯、七世帯に一世帯が高齢単身世帯になる。また、ひとり親と子どもの世帯も一〇世帯に一世帯になると予想されている。

単身化の趨勢は高齢者にとどまらない。図1は、出生年齢別に、一人暮らしをする者の割合の推移を見たものであるが、若い世代ほど早期から一人暮らしの比率が高く、中年期にはさらに増加する傾向が現れている。中年期に単身で暮らす人が珍しくない社会へと突入しているのである。二〇五〇年の高齢者は今以上に一人暮らしが増加するが、中年期からすでに単身だった人たちが今よりずっと多くなると予想される。

国立社会保障・人口問題研究所の推計によれば、単身世帯の増加は、もっぱら晩婚化・未婚化・離婚の増加、親子同居率の低下といった結婚・世帯形成行動の変化によってもたらされるという。

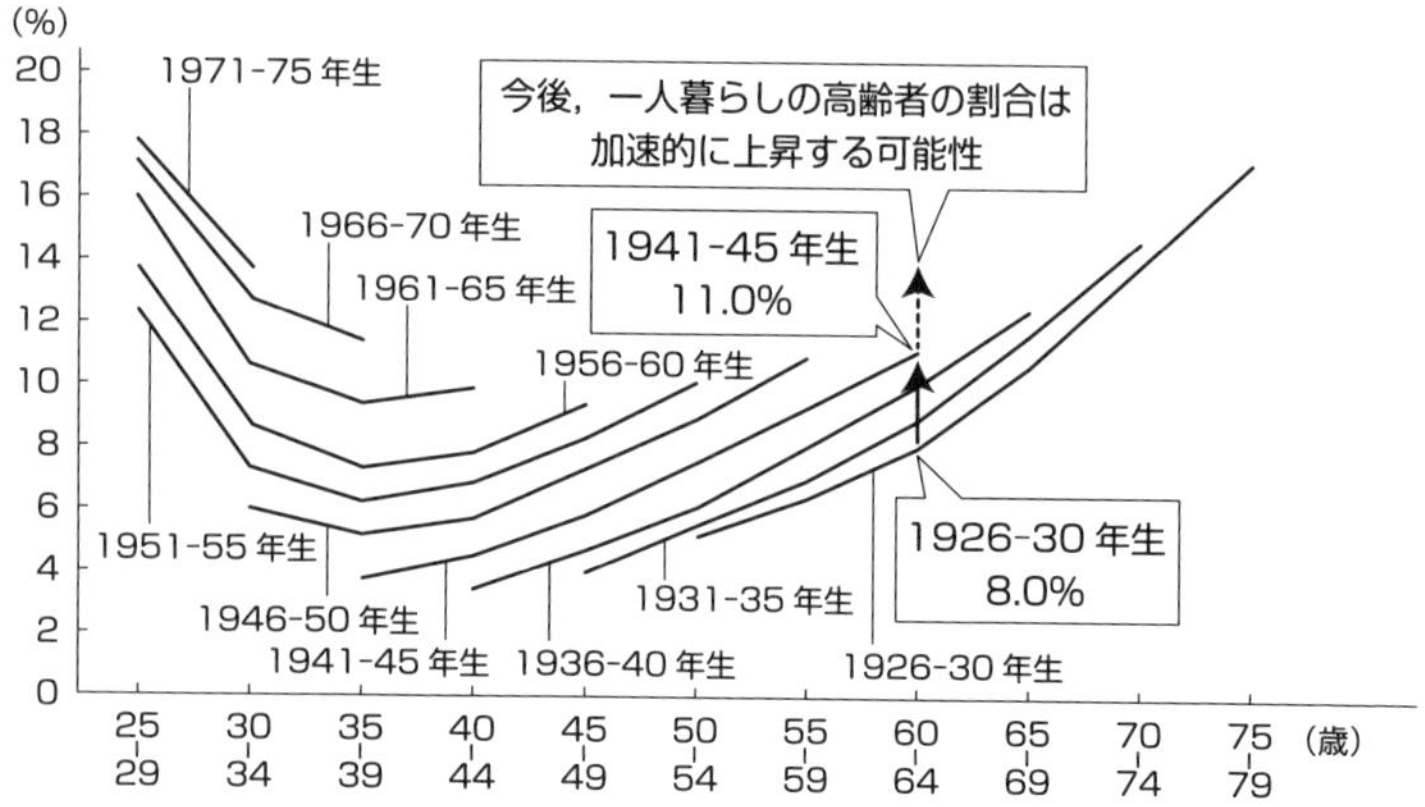

資料）総務省「国勢調査」.
出所）平成 21 年版『高齢社会白書』.

図 1　出生年齢別に見た一人暮らしの比率の推移

ただし、欧米諸国と比較してみると、日本の単身世帯の割合は現在も将来も際立っているわけではない。たとえば、二〇三五年の平均世帯人員は二・二〇人だが、この数値は、二〇一〇年前後の北西欧諸国の平均的水準で、ノルウェー、オランダ、フランスとほぼ等しい。しかし、デンマークやドイツの平均世帯人員ほどには小さくない。また、二〇三五年の単身世帯割合は三七・二%と予想されるが、これはやはり現在の北西欧諸国の平均的水準に近い。それでもノルウェー、デンマーク、ドイツほどには高くならないと予想されている。社会環境を整備しさえすれば、単身社会化をそれほど危惧することはないのかもしれない。

ただし、高齢化率は日本の方が高くなるので、その点で日本は世界一高齢単身者が多い社会になるだろう。

単身世帯の増加は、家族の多様化と同時並行して進む。労働市場の不安定化が進み、稼ぎ手として安定した職場のある父親のいる家族世帯が減少し、共働き世帯の増加、妻が主な稼ぎ手世帯、ひとり親世帯が増加するなど、これまで典型とされた家族タイプから外れる家族が多くなる。その際、二つのグループがあるだろう。一方のグループは、結婚や家族形成ができない人々である。もう一方のグループは、結婚や家族に関する規範的自由の拡大に伴う非婚化や、子どもを持たない選択ができる人々である。将来、結婚しないこと、子どもを持たないこと、離婚の選択が社会規範として、よりいっそう受け入れられるようになると考えられるが、それが時として、安定した生活基盤の喪失や、貧困化、さらには貧困の再生産へとつながることが予想される。

これに関連して四つの点を指摘し得る。第一は、低所得単身者が増加し、所得格差が拡大する。第二は、高齢単身者が増加し、医療・介護需要が高まる。第三は、近親者や知人のいない社会的孤立者が増加する。第四は、安定した住まいのない低所得単身者が増加し、新しい住宅問題が生まれる。この四点が二〇五〇年までにどのように変化するかは、社会経済環境や政治動向その他諸要因の推移による。

2　リスクが多様化・階層化・普遍化する時代

工業化時代に確立した生活構造とそれを支える労働・教育・社会保障システムは、一九九〇年代後半以後の大きな社会経済変動のなかで機能不全に陥った。背景にあったのは、グローバル化に伴う労働市場の流動化、あらゆる分野での規制改革、そして国家財政の逼迫というような事態であった。しかも、少子高齢化が加速化し、家族の多様化が進むにしたがって、従来の家族福祉と会社福祉で人々の生活を支えることができなくなったのである。

社会から排除されかねない人々の実態から二一世紀前半期のリスクが見えてくる。それはすでに始まっているもので、次の三点に整理できるだろう。

第一は、リスクの多様化である。安定した雇用と家族が人々の暮らしのセーフティ・ネットとして機能していることを前提としていた社会保障システムが力を失い、従来の典型的なリスクとされた現象に対して社会保障の網をかぶせるだけでは十分とは言えなくなる。人々が直面する困難は、従来の社会保障の枠を越えるものが多くなり、多様なリスクに対処することが求められている。

第二は、リスクの階層化である。リスクに対処する力は社会階層によって歴然とした差がある。格差はすでに幼少期に生じ、貧困の再生産が明確に現れている。二〇年に及ぶ経済不況はまず親世代を直撃し、それが子どもの成育上の不利となり、そのことがやがて不安定雇用につながるという貧困の世代間連鎖が生まれた。それが今後も続くとすると、二〇五〇年時点で負の堆積は相当なものになる。高学歴社会のなかで、中卒や高校中退者は、過去とは比べ物にならないほど不利な状況に陥っているが、貧困の再生産とも言うべき例が少なくない。

第三は、リスクの普遍化である。生活の安定を担保していた完全雇用、稼ぎ手としての父親がいる核家族という構造が不安定になり、これまで重篤なリスクとは無縁と思われていた人々に普遍的なリスクをもたらす。

3　単身・長寿社会の光と影

このようなリスクの拡大現象は、何らかの形で家族の変容と結びついている。これまで家族は人々の暮らしのセーフティ・ネットとして機能してきた。複数のメンバーで構成される家族・世帯の場合、住宅と家計の共用にはじまり、子どもや看護や介護の必要なメンバーの世話を、何らかの役割分担によって遂行してきた。家族内で行うこれらの行為は、支払いを求めない労働（無報酬労働）で、市場サービスと本質的に異なっている。このような労働の大半は性役割分業体制のもとで、もっぱら女性に負わされてきた。このような体制が、家族内外の環境条件の変化に伴って変容を遂げてきたのであるが、二〇〇〇年代に入ると一気に単身化と家族の多様化という形で現れ、性役割分業体制はもはや前提とはならなくなった。その趨勢は二一世紀半ばまで続くだろう。

明治時代以後、日本人にとって、封建的な家族制度からの解放は切実なテーマであり続けた。家族・親族の紐帯、結婚制度の拘束、それにまつわる価値規範の束縛を思い起こせば、単身者が多数派を占めるようになることは自由な時代の到来ということになる。単身化を含む家族の変容は人々の選択の帰結なのである。

それにもかかわらず、人々は諸問題の原因を家族の変容や崩壊に結び付けて考える。たとえば、子どもの非行、薬物問題、モラルの低下、貧困などが議論される際、働く女性の増加や親の離婚やひとり親世帯の増加が取りざたされ、家族に原因があると責められがちである。特に、母親のモラル低下

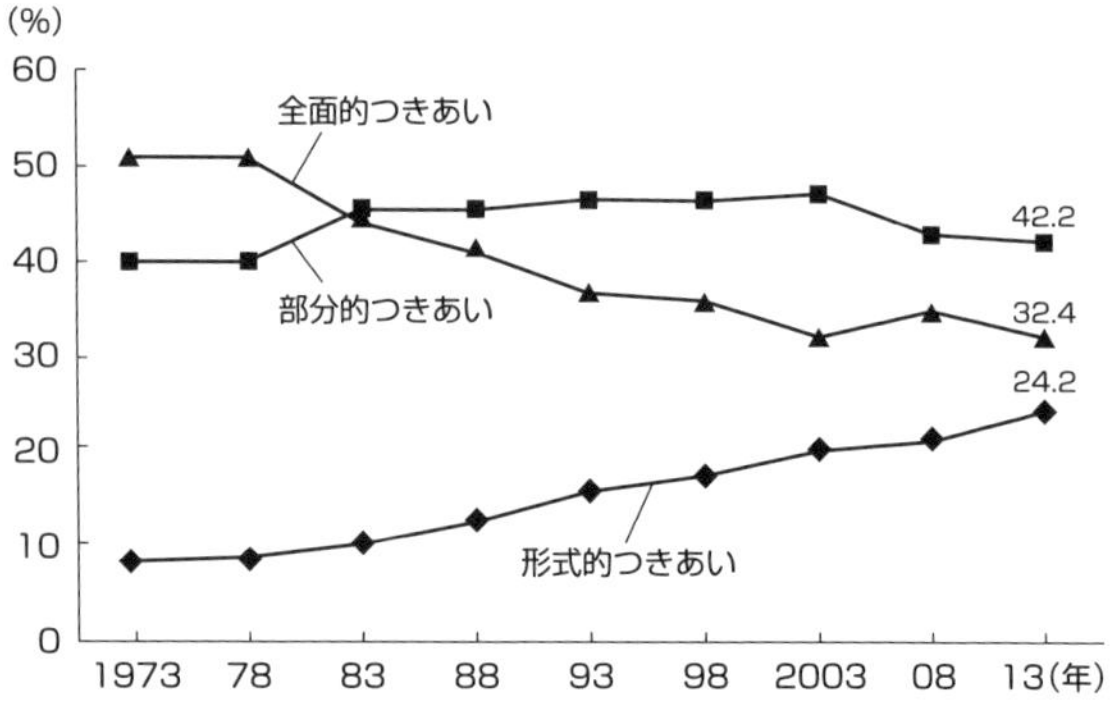

出所）NHK 放送文化研究所「日本人の意識調査」より作成.

図 2　親戚とのつきあい方

に原因があると批判されることが多い。

日本では「サザエさん」が今もなお高い支持を集めている。サザエさんは、〝家族というもの〟へのあこがれの象徴となっている。そして、現代家族が伝統的家族から乖離してしまったことが、多様な社会問題の根源にあると考える世論が根強く存在する。では、人々は単身・長寿社会の光の部分を捨てようとしているのだろうか。

揺れる「家族」への思い

単身化には選択的単身化と制約としての単身化の両方がある。安定した仕事と収入があり、豊かな社会関係に恵まれた単身者の一群がある一方で、希薄化した家族関係しか持つことができず、経済的不安を抱え、社会的にも孤立した状態にある人々がいて、それが増加している。誰にも看取られずに亡くなり、死後何日も発見されない人々（孤立死）の増加は、この現象と深く関係している。

家族が不安定化するなかで、家族に関する日本人の意識には矛盾した傾向が見られる。NHK放送文化研究所の継続調査によれば、図2のように、親戚との「全面的つきあい」を希望する人はしだいに減少し、形式的・部分的なつきあいを希望する人が増加している。ただし、二〇〇八年には「全面

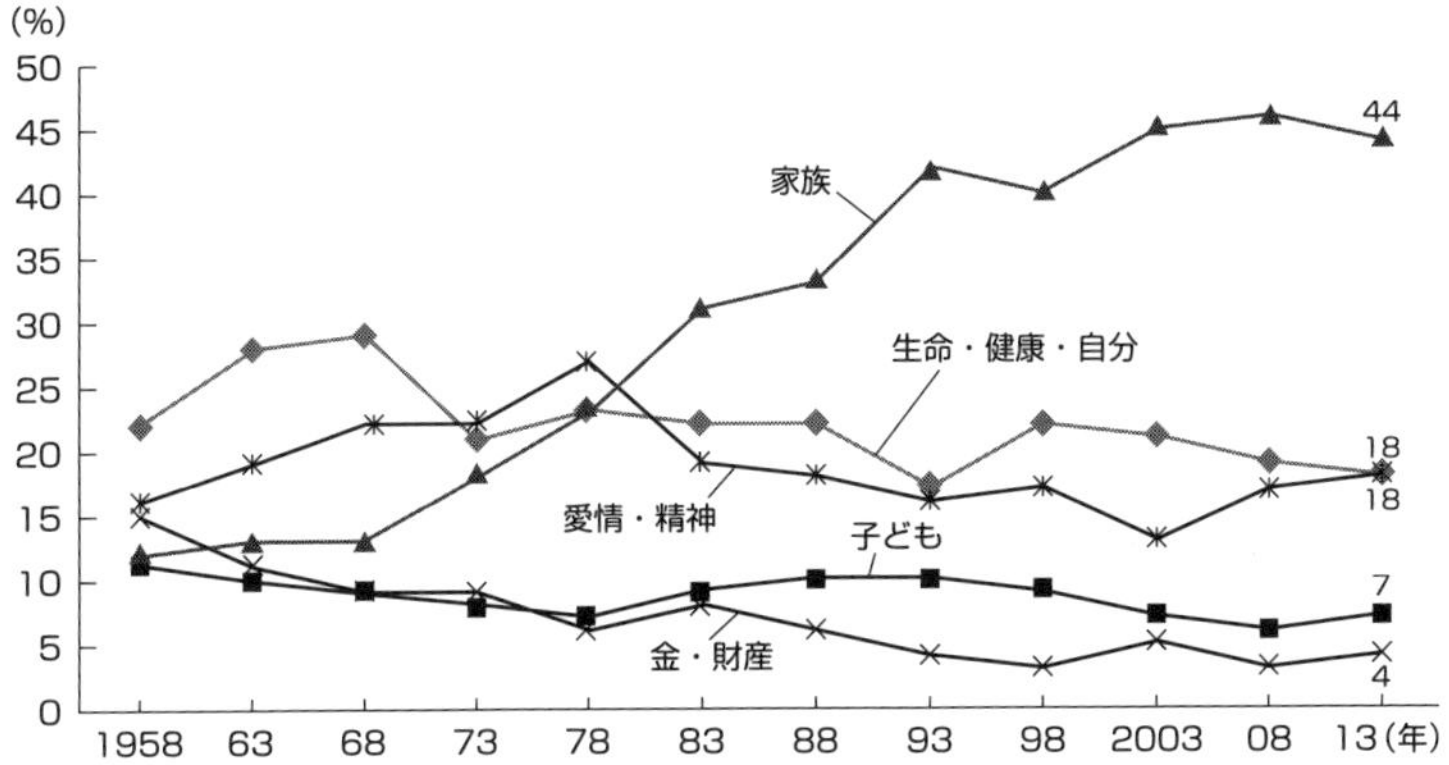

出所）統計数理研究所「国民性の研究全国調査」より作成.
注1)「あなたにとって一番大切と思うものはなんですか. 一つだけあげてください.」との問に対し自由記入してもらった回答を分類したもの.
注2) 回答者は, 20歳以上80歳未満の有権者.

図3　あなたにとって一番大切なもの

的つきあい」を支持する人がやや増加している。老後の子や孫とのつきあい方に関しては、「いつも一緒が良い」は減少し、二〇〇〇年を境に、「時々会って食事や会話をするのが良い」がもっとも多くなって、今も増加が続いている。

その一方で、図3のように、一九五八年から現在まで、「あなたにとって一番大切なもの」は家族と答える割合が上昇を続けて、半数に近い状態にある。また、多くの人々が親子間の対話や信頼を高く評価しているにもかかわらず、親子関係の充足度は低下し続けている。日本人の多くは家族や親族とのわずらわしい関係は好まず、ほどほどの距離を取ることを望んでいる一方で、家族の大切さを感じる割合は増加し続けているのである。

では、家族や親族の関係性が相対的に低下するのを補って、その他の社会関係は強化されているのだろうか。図4は、OECD加盟の二〇カ国における交流の実態を比較したものである。友人、

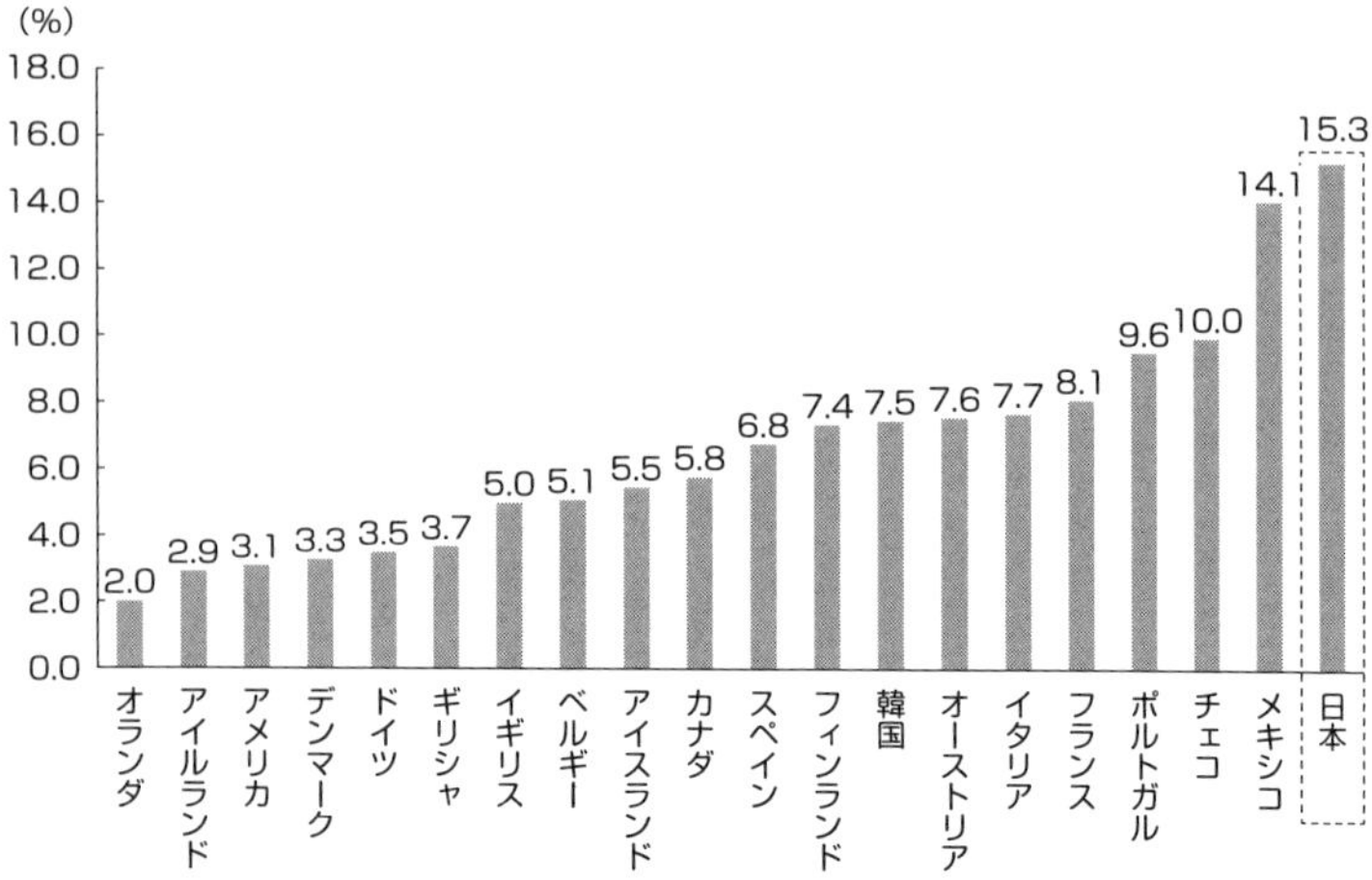

出所）OECD, *Society at Glance: 2005 edition*, 2005, p. 8.
注）友人，職場の同僚，その他社会団体の人々(協会，スポーツクラブ，カルチャークラブなど)との交流が，「全くない」あるいは「ほとんどない」と回答した人の割合(合計).

図 4　「家族以外の人」と交流のない人の割合

職場の同僚、その他の社会団体の人々との交流が、「全くない」あるいは「ほとんどない」と回答した人の割合を見ると、日本は一五・三%で圧倒的に多い。つまり、国際的に見て社会的関係の広がりのない人の比率が高いのである。また、属している社会団体数、何かの団体において無償で活動している人数の両方で、日本は極めて少ない状態にある。

以上の結果をまとめると、家族を束縛と感じ自由になりたいと願う人々が増加しているにもかかわらず、家族以外の社会関係は著しく希薄で、いざという時に家族以外には頼れない人々が少なくないという矛盾した状況にあると言える(石田二〇一一)。

広がらない社会関係

家族以外の社会関係が広がらないのは、

高度経済成長期の社会構造・生活構造の特徴と深くかかわっている。この時代に、伝統的な親族共同体や地縁関係が崩れ、それに代わって家族とカイシャが現れた。農村から都市へ移住した人々が、「カイシャ」と「(核)家族」という、いわば〝都市の中のムラ社会〟を作り、内側にひきこもっていったのである(広井二〇〇六)。家族は、稼ぎ手としての夫・父の賃金と妻・母の家事役割で支えられるようになった。子どもの教育に特化した家族は親族集団や地縁集団との関係性を断ち切り、閉鎖的な家族集団へと向かった。人々の意識は、配偶者と子ども、そして勤務先の人間関係へと集中し、それ以外の社会関係への関心が薄れていった。

特に一日の大半を会社で過ごす男性たちにとって、家庭も地域も寝に帰るところと化した。地域は子どもを介して女性たちによってかろうじて支えられてきたが、働く女性の増加や高齢化の進行のなかで、地域コミュニティの衰退は限界に達している。

伝統家族に復帰すればよいのか?

では、人々の暮らしに生起する諸問題の解決のためには〝伝統的家族〟を守るべきだ、と考えている日本人はどれだけいるのだろうか。ここで言う〝伝統的家族〟とは、夫が外で働き妻は家庭を守り、夫がリーダーシップをとり、妻や子はそれに従い、夫・妻は仲睦まじく、決して離婚したりはしない家族のことである。もし守るべきと考えている人が少なからずいるとしても、回帰することができるのだろうか。子どもの五〇%が血のつながらない親と暮らしているアメリカについて、ステファニー・クーンツは次のように整理している。

家庭内での男女の担うべき責任について驚くほどの多様性が見られる今日、これはいい家族形態、これは悪い家族形態、これは正しい親のあり方、これは悪い親のあり方と、単純に決めつけることはできなくなっている。ある家庭がどう機能しているかということの方が、その家族構造や、家族メンバーの役割よりもずっと重要なのである(クーンツ二〇〇三)。

つまり、ふたり親の家庭、再婚の家庭、ひとり親家庭、祖父母と孫の家庭など、家族形態が違えば抱えている問題も違う。子育て期にある親が必要としているのは、さまざまなタイプの家庭の個々の状況に合った解決方法であり、そのための具体的な知識や情報や支援である。たとえば、ひとり親や再婚の家庭に関していえば、子育て環境としてのマイナス面をあげて批判するよりは、親としてうまく機能できるための支援が得られるような環境を作る総合的な社会政策を推進することが望まれる。それに応えられる研究も必要とされている。

多様な家族を社会のメインストリームに包摂し、それぞれの家族の可能性を引き出すというスタンスが必要なのである。

家族論争の三つのステップ

二一世紀社会のゆくえは家族のあり方によって決まると言われるほど、家族変動は社会変動を構成する中核的な要素である。このような現象に対して多くの議論が展開されている。そのなかには、変化する家族生活上の悩みを抱え、家族変動に強い危惧を感じて、その流れを押しとどめようとする動きもある。

アメリカの家族社会学者のアーリーン・スコールニックは、これらの変化を三つのステップで説明する。第一段階では、個人および個々の家族レベルでストレスが生じる。人々は自分が経験している新しい家族現象が、自分にだけ起きたことであり、がんばれば元通りになると考える。しかしそれができないジレンマから、心理的ストレスの兆候であるパーソナリティ障害、アルコールやドラッグ中毒など個人レベルのストレスが増加する。

第二段階では、公の場で議論が起こり、社会的対立が起こる。政治的社会的運動が起こり、変化の波を押しとどめようとする運動も現れる。時にはスケープゴートを探し出して、原因はそこにあると非難の嵐を巻き起こす。離婚による母子世帯は道徳的非難の的になりやすい。つまり、家族変動をめぐる社会的葛藤の段階である。

ところが第三段階に入ると、人々はなぜ変化が起きたのか、それがどの程度不可逆的な変化なのかを理解するようになる。それが再建と安定の段階である。人々は、制度や価値観や文化的規範を現実に合ったものへと変えていくようになる、というのである(Skolnick 1993)。

日本の家族変動は、欧米諸国よりずっと後ろにある。それでも、二一世紀に入ってからの変化は大きい。これから二〇五〇年までに、これらの国が経験したことの多くを、日本も経験することになるだろう。

4 希少化する対人ケア

子どもや高齢者の世話や介護、メンバー間の声かけや気遣いは広義のケアである。今や、人に対する広義のケアサービスは、ますます重要な課題となっている。

家族は、暮らしのセーフティ・ネットとケアの役割を担ってきた。それが機能したのは、経済役割を果たす男とケア役割を果たす女という性役割分業を正当なものとして人々に押し付ける政治規範構造があったからである。ところが、社会経済構造が急速に変わったにもかかわらず、ケアを社会的に担保する取り組みが完全に遅れてしまったことが現在のケアの危機を招いている。

対人ケアは、家族の重要な機能であるが、それはますます得難いものになりつつある。NPO法人介護者サポートネットワークセンター・アラジンとケアラー連盟が、四〇〇〇世帯を対象に、「ケアラー（家族などの無償の介護者）を支えるための実態調査」を二〇一〇年に実施した。この調査で用いられたケアの意味は広範囲で、要介護高齢者や身体的・知的・精神的障がい者などの介護、難病患者などの看病、病児や障がい児の療育、依存症やひきこもりなどの家族や知人の世話や気づかいなど、多様なケア役割を担っている人をケアラーと定義している。調査結果によれば、一九・五％の世帯にケアラーがいたほか、七・六％の世帯には気づかいを必要としている身内のいるケアラーがいる。合計すると、五世帯に一世帯がケアラーのいる世帯である。ケアラーの二人に一人強は「介護」を、四人に一人は「看病」を、八人に一人は「子どもの療育」を、五人に四人は「世話」を、七人に五人は

「気づかい」など多様なケアを二重三重に行っている。ケアラーは、健康状態や経済状態において、また、こころの不調・負担感・孤立感などの問題を抱えている（堀越二〇一二）。

　このように、同居であれ別居であれ、ケアの担い手として家族が果たす役割は軽くなってはいないばかりか、少子高齢化が進むなかでむしろ重くなっている場合もある。家族はどこまでその負担に耐えることができるのだろうか。この調査によれば、現在ケアをしていない人の八四・五％が将来のケアへの不安を抱えている。堀越栄子は、ケアをする側とされる側両方の権利擁護の視点が必要だが、特に日本にはケアラーの権利擁護の視点はなく、支援が制度化されていない点で国際的に見ても遅れていると指摘する。

　高齢者に限らず、社会的に孤立する人々は、社会制度があってもそれにかれらをつなぐ具体的なケアサービスがなければ、孤立から脱出することは困難である。高齢者は言うに及ばず、若年層から中年層まで、単身で暮らす人々が増加するなかで、従来家族に特有の機能とされてきた対人ケアは、ますます得難いものになりつつある。それを補う手段が、家族機能を商品として購入する（家族機能の市場化）方向に進めば、それについていける人々には限りがあり、ついていけない人々の問題が深刻になるだろう。しかも、ケアの衰退は単身者にのみ影響を及ぼしているわけではない。

　ケアの衰退は男性に大きな影響を及ぼしている。稼ぐ力によってケアラーとしての役割を妻に要求できた男性の間で、配偶者のいない者が増えている。つまり、稼ぐ力を失って、ケアを受けることなく孤立した単身者となっているのである。一方、ケア役割によって男性の稼ぎの分配を要求することができた女性は、男性が妻子を養う所得を稼ぐ条件を失ったとき、一気に貧困問題に直面する。

一対の男女の「性の絆」を中軸にして子どもの養育を担う近代家族は、理論的にも実践的にも力尽きているにもかかわらず、その家族に依拠して社会の子育て機能を維持しようと思えば、破綻することは目に見えている。それに代わって期待できるのは、性の絆より、子どもや病人や高齢者をはじめ人へのケア機能に焦点を当てて、家族を再生することである(上野二〇〇九)。それは、ケア責任を専ら家族に負わせることを意味するものではない。家族が持つ潜在的なケアの力が発揮できるような多様な家族支援政策が必要であり、そこからこぼれ落ちる人々に対しては、家族に代わる社会サービスが必要だという意味である(ファインマン二〇〇三)。

5 脱家族化・脱施設化——高齢者グループリビングから

急速な高齢人口の増加は、家族というものを変えずにはおかない。高齢化に対抗する取り組みは各地で広がっている。その一つの例として、グループリビングを紹介しよう。

神奈川県藤沢市内にあるグループリビングCOCO湘南台は、一九九九年に開設された高齢者住宅である。その後三つのグループリビングが湘南の地にオープンし、これら四つはNPO法人COCO湘南のもとにある。このグループリビングは一九九六年に市内で始まった高齢者バリアフリー研究会から立ち上がった。入居予定者が開設準備の段階から企画に関与し、意思決定に参加したことに特徴がある。

第一号のCOCO湘南台に関して言えば、その方式は、研究会が設計した建物を土地オーナーが建て、NPOが一括借り上げをする。そして、コープかながわの委託事業をしていた女性たちのワーカーズ・コレクティブ（女性たちが共同出資し、自らも労働者となって働く自主管理の事業体）の調理部門や清掃部門やサポート部門と契約し、生活に必要なサービスを共同購入して利用するのである。しかし、入居する高齢者が自力で共同購入を続けることには限界がある。そこで、NPO法人COCO湘南が入居者の意思をまとめ、それをもとに「生活支援サービスの共同購入」を行う契約主体となる。

グループリビングの運営は入居者の合議で決める。入居者の入れ替わりはあっても、新しい入居者が意思決定に参加しやすい仕組みになっている。居住者が一〇人と小規模であるのは、話し合って意思決定できる人数に収めようとしているからである。住居には、一〇名の個室、共用の厨房、食堂とリビングルーム、浴室、アトリエなどの共同スペースがある。入居者はプライバシー空間を確保しながら、ゆるやかな共同生活をし、一人暮らしにはない「安心」のある暮らしが可能となっている。厨房や調理方法は家庭料理の延長というコンセプトで整えられている。ここで調理や清掃をするワーカーズ・コレクティブのメンバーは、主婦としての労働に近いスタイルで（家族的に）有償で働いている。家事が社会化しているのである。

ここで、NPO法人COCO湘南の高齢者グループリビングの基本理念を紹介しよう。その理念は次の八項目にまとめられている。

①「自立と共生」のバリアフリー高齢者住宅を作ります。
②一〇人（内コーディネーター一人）の共同の住まいをつくり、楽しく暮らしていきます。

③生活の一定の質の高さを確保するため、一人一室の個室にします。
④利用者は、原則六五歳以上の男女（障害者は五五歳）とします。
⑤生涯完結型の〝住まいと暮らし〟を追求し、国・県・市の制度や介護保険をも取り込み、地域生活の安全と安心の実現をめざします。
⑥共に暮らすことを通じて、コミュニティを大切にし、家庭生活を共有するようにします。
⑦入居者同士の民主的なミーティングをＮＰＯが支援し、日常生活の簡単なルールを決めて生活します。
⑧「ＣＯＣＯ湘南」は〝出会い、ふれあい、学び合い〟の心で地域社会へ積極的に参加し、社会活動を続けていきます。

高齢単身者や高齢者のみ世帯は、買い物の困難、いざという時の不安を抱え、話し相手のない孤独、食生活の質の低下などの問題を抱えがちである。グループリビングの目的は、高齢者が自律性を失うことなくこれらの課題を解決し、市民として社会に参加しながら暮らすことを実現することである。ＮＰＯ法人ＣＯＣＯ湘南は、これを「自立と共生」と表現し、高齢者グループリビングの理念としてきた。

居住者が要介護状態になった場合には、介護サービス事業者を選んで個々に契約し、自分の状況に合ったサービスを選択することができる。その場合、住み続けていた自宅よりも空間に余裕がありバリアフリー仕様になっているため、介護が受けやすい状況にある。

ＣＯＣＯ湘南のもう一つの特徴は、地域に開かれたホームをめざしているという点である。またここは地域の人々の働く場（雇用創出）でありボランティア活動の場としても機能している。このような住宅が広がっていけば、家事労働は、私的労働ではなく社会的労働として地域コミュニティにおいて可視化されていくであろう（西條二〇〇〇）。

現在のところ、家族で住む家に代わる住まいには、高齢者マンション、サービス付き高齢者賃貸住宅、グループホームなどがあるが、二〇五〇年には高齢者だけでなく、家族に代わる共同生活体がもっと増加するであろう。というのは、単身者が高齢期に限らなくなっているからである。中年単身者は〝例外〟ではなく多様な形態のなかの一タイプになることを考えると、中年単身でも安心で快適な暮らしの場を確保している社会へと変化していくことが期待される。それは単身者に限るものではない。ひとり親世帯、高齢の親と中年の娘・息子の世帯、その他多様な家族のニーズに対応した共同生活体が豊富になることだろう。

家族に代わる生活集団を実現するための課題

グループリビングなど、オールタナティブな住まいの実践は、これまでの行動規範から生じる問題を内包していて、解決すべき課題が見えてくる。一つ目の課題は、親族世帯ではないなかで〝他人とうまくやっていく〟心構えや知恵を身につけることである。半世紀以上にわたり家族のみの暮らしに馴染んできた日本人にとっては、大きな転換が必要とされる。二〇五〇年に向けて、他人と暮らすことに関する教育や体験を幼少時から重視することが必要だろう。また、自らの生活に対するガバナンス（生活ガバナンス）の力量を付けることも必要である。さきほど紹介したCOCO湘南台を運営するメンバーには、生活ガバナンスの力がある。

二つ目の課題は、ジェンダー関係の転換である。オールタナティブな住まいは夫、妻関係における性役割分業を前提としない。居住者は誰かの無報酬労働を当然のこととして当てにすることはできない。性別にかかわらず共同生活を営むための家事を分担しなければならない。家事ができなければ他者に一方的に負担をかけることになる。ここに、ジェンダーをめぐるシビアな関係が生じる。

COCO湘南台は、開設準備段階で男女の対等な共同居住を理想として掲げた。しかし、オープンしてみると、男性は家事をする自覚がなく、実際にできなかった。結局、男性入居者はいなくなった。つまり、家事を完全に外部化できないのであれば、家事の公平な分担が必要となる。ただしこのことは、居住者が弱い人に配慮し、必要に応じてお互いに助け合うことの重要性を否定するものではない。二〇五〇年にこの問題が解決できているかが重要なポイントであろう。

単身者と夫婦とが共同で住まうことの難しさも指摘されていて、単身者でないと入居を認めない例が少なくない。今後、性、年齢、婚姻関係その他の点で多様な人々の共同居住が実現すれば、単身者か夫婦かの違いは問題にならなくなるかもしれない。

近代社会の成立とともに、労働は「有償労働」と「家事労働」に分化し、家族は性役割分業体制のもとで、稼ぎ手としての夫と、家事育児の担い手としての妻のペアによって営まれた。子育て、介護などケアワークは個々の家族の私的機能として位置づけられ、それが人間の再生産を担うものとして国家秩序に組み込まれてきた。しかしこれからは、高齢者の増加と家族の多様化のなかで、家事というものの変容がもっと進むであろう。グループリビングは、「家事」というものの意味と形が変わることを示している。

6　新たな生活保障のゆくえと家族

今、生活保障改革の過程には二つの「個人化」のベクトルが働いている。そのうちの一つは、従来の社会保障制度を解体して自己責任を負わせる個人化のベクトルである。つまり、セーフティ・ネットを取り外して、生活保障を個人の努力と責任に転化する新自由主義の方向で、「社会からの個人化」と言えるものである。

もう一つの個人化は、家族の標準モデルを前提とせず、個人の自由と多様性を認めつつ、社会連帯による生活保障を推進する方向である。たとえば、結婚のあり方を柔軟にし、子どもの人権を擁護しつつ、子どもを産み育てやすい環境を整備する。このような施策は、公助や共助による社会的連帯の推進と一体のものである。

ところで、ヨーロッパにおける個人化と比べると、日本で「個人化」には特有の意味合いがある。すでに述べたように、日本の近代化においては、個人化とは伝統的紐帯からの解放という意味だったが、それは人々の夢であり願いでもあった。戦前の生活保障に関しては、家族や近隣の相互扶助が重要な意味を与えられ、ヨーロッパのような福祉国家的な秩序へと高まっていくことは相対的に少なかった。この構図は戦後になっても本質的には変わらず、「家族福祉」、「企業福祉」、「低失業率」が公的保障を代替する日本型福祉国家が生まれた。

経済発展の時代に確立した標準型ライフスタイル、そして標準家族の呪縛は、内実が変わった後も生き続けていて、非標準型の家族や個人の諸問題が顕在化すると、標準家族へ回帰すべきだという規範の勢いが高まるという傾向が見られる。

このような特徴をもつ日本では、「個人化」というベクトルは、多様性のある人生や家族やジェンダー関係の実現につながる可能性をもっている。過去の生活構造へと回帰するのではなく、既存のジェンダー秩序や家族像や働き方を積極的に組み替え、プラスに転じる動きを作ることが、平等で公正な社会創りにつながるのである。

欧州の動きを見ると、グローバル化のもとで企業が柔軟な労働力を強く求めていることに配慮しながら労働者の生活をどのようにして安定させるか、また、失業時の所得喪失を補いながら、いかにして失業者を労働市場に復帰させるかという、両立の難しい課題への模索が続いている。多様化する家族を前提に、女性の就労による経済的自立を推進するための教育、職業訓練、多様で適正な労働時間や休暇制度、保育サービスの拡充が重要な政策の柱になっている。グローバル化による仕事の不安定化や、高齢化による財政圧迫に対抗して、人々が働くことを支える政策も強化されている。少子高齢化が進む日本においても、このような政策をよりいっそう強化する必要がある。

二〇五〇年に向けた社会政策は、人々がどのような家族を選択するかにかかわりなく、社会を構成する一人ひとりの尊厳を守り、福祉を実現するというスタンスに立たなければならない。不利な条件をもつ人々を排除しない包摂型社会を実現することを理念として掲げたい。妻や母に一面的に負わされた家事や育児責任を、夫妻が協力して担う体制へと移行することも必要である。児童虐待や高齢者虐待の根絶、配偶者に対するドメスティックバイオレンス(DV)の禁止、離婚母子世帯の貧困からの救済は、家族選択の自由を認めつつ、遵守しなければならない価値である。女性の社会への参画と経済的自立は大前提である。

また、単身者やひとり親世帯、介護責任を持つ男性がさらに増加するのに見合った社会環境を整備しなければならない。育児休暇制度を普及させること、男性の育児休暇取得を広げることは不可欠の条件である。また、高齢化の進行にともなって介護休暇制度の普及もいっそう重要な施策となる。

さらに、ジェンダー間の分業によって担われてきたケア役割を、家族外の社会関係へと柔軟に広げていく必要がある。家族の範囲を超えて、ケア機能を担う家族的集団やネットワークを拡大していく必要がある。

家族の変容に対応して、暮らしの器である住宅の多様化を進める必要もある。特に、標準世帯を前提にした持ち家政策では、住宅保障からこぼれる人々が増加する(平山二〇〇九)。障がい者や認知症高齢者の共同生活の場であるグループホーム、高齢者などのコレクティブ・ハウスやグループリビング、シェアハウスなど、家族に代わる多様な集団が登場しているが、少子高齢化が進むなかで、このような展開はよりいっそう明確になるであろう。

7　「地縁」家族を実現するための道のり

地域社会における人づくり・絆づくり・地域づくりを進めていくためには、地域住民が、自分自身の生活課題のみならず、地域社会に山積する課題を自らのことと捉え、学習を通じて地域社会に主体的に参画し、活躍することが期待される。私的家事から社会的家事への転換、私的ケアワークから社会的ケアワークへの転換は、これらの活動のよりいっそうの統合化の中で実現することが見込まれる。

今後ますます重要な役割を果たすことが見込まれるのは、特定の課題を掲げて活動するテーマ型組織で、その代表は民間非営利組織（ＮＰＯ）である。また、生活協同組合、労働者協同組合、社会的企業などの組織も新たな課題の担い手となっている。これらの活動を総合して社会的経済セクターとも言う。地縁型組織が衰退するのと反比例してテーマ型組織が増えていくということは、住民の意識や志向性が変わったことを表している。必ずしも地域の枠にとらわれないフットワークのよさ、自由な発想による先駆性などがＮＰＯの特徴と言える。ＮＰＯは、高齢者や障がい者などの生活支援、子育て支援、子どもの学習支援、不登校児や無業状態にある若者の支援、外国籍住民との共生や子どもの学習支援など、地域に生起するさまざまな課題に対応できる公共の担い手として拡大していくであろう。

その一方で、地縁型組織のなかには地域コミュニティの新たな課題に直面して、自ら活動や組織運営の変革に積極的に取り組み、地域の多様な主体と対等に協働できる自立的住民組織をめざす例も出てきている。今後いっそう、NPOやボランティア団体などと相互に連携を図っていく必要がある。本書が提案する、生協を中心とする〈「地縁」家族〉という地域コミュニティ創造は、このようなネットワーク活動が活気をもって展開するなかで実現するであろう。そしてそれは、二〇五〇年までの社会実験の積み重ねの量と質の如何にかかっている。

【参考文献】

朝日新聞「孤族の国」取材班(二〇一二)『孤族の国——ひとりがつながる時代へ』朝日新聞出版
阿藤誠・西岡八郎・津谷典子・福田亘孝編(二〇一一)『少子化時代の家族変容——パートナーシップと出生行動』東京大学出版会
石田光規(二〇一一)『孤立の社会学——無縁社会の処方箋』勁草書房
上野千鶴子(二〇〇九)「家族の臨界——ケアの分配公正をめぐって」牟田和恵編『家族を超える社会学——新たな生の基盤を求めて』新曜社
大嶋寧子(二〇一一)『不安家族——働けない転落社会を克服せよ』日本経済新聞出版社
クーンツ、ステファニー(二〇〇三)『家族に何が起きているのか』岡村ひとみ訳、筑摩書房
西條節子(二〇〇〇)『高齢者グループリビング〝COCO湘南台〟——一〇人一〇色の虹のマーチ』生活思想社
(社)日本家政学会生活経営学部会編(二〇一〇)『暮らしをつくりかえる生活経営力』朝倉書店
ハイデン、ドロレス(一九八五)『家事大革命——アメリカの住宅、近隣、都市におけるフェミニスト・デザインの歴史』野口美智子・藤原典子訳、勁草書房
平山洋介(二〇〇九)『住宅政策のどこが問題か——「持家社会」の次を展望する』光文社
広井良典(二〇〇六)『持続可能な福祉社会——「もうひとつの日本」の構想』筑摩書房

広井良典（二〇〇九）『コミュニティを問いなおす――つながり・都市・日本社会の未来』筑摩書房
広井良典編著・日本労働者協同組合（ワーカーズコープ）連合会監修（二〇一一）『協同で仕事をおこす――社会を変える生き方・働き方』コモンズ
ファインマン、マーサ・A（二〇〇三）『家族、積みすぎた方舟――ポスト平等主義のフェミニズム法理論』上野千鶴子監訳、学陽書房
藤森克彦（二〇一〇）『単身急増社会の衝撃』日本経済新聞出版社
堀越栄子（二〇一二）「ケアラー支援の必要性と方向性」『家政経済学論叢』第四八号
Skolnick, Arlene (1993) "Changes of Heart: Family Dynamics in Historical Perspective," in Philip A. Cowan et al. eds., *Family, Self, and Society: Toward a New Agenda for Family Research*, Lawrence Erlbaum Associates.

第五章　支援の受け手が支え手にもなる地域社会

松田妙子

集いの館がある日々

今日は午後からオフィスワークだったので、集中して定時ギリギリまで仕事をやっつけ、やや急いで自転車を漕ぎ、子ども園に子どもを迎えに行く。今日は夫も出張でいないし、自宅の冷蔵庫も品薄状態だ。だったら、と、子ども園仲間を誘って、集いの館に向かう。子どもたちはもう腹ペコ。「ちょっと待っててよ〜！」。いくつかの食材をワイワイ選びながら購入し、共同キッチンで調理する。仲間のうち何人かは子どもたちの世話にまわり、手を洗わせ、〝みんなの本棚〟から絵本を選び、席に座って絵本を読みながら待っている。定食セット待ちの隣のおばあちゃんたちが「あら、このお話懐かしいわ」なんて言って集まってくれたので、一緒に読んでもらう。

一足先に帰り支度をしていたシニアの男性グループから「たくさん作っちゃったから食後にどうぞ」と、子どもたちにデザートのゼリーをいただく。子どもたちが歓声をあげる。「ごはん食べてからだよ！」。そんなひと声もありがたい。おじさんたちはこれから夜警団だって。なんとも心強い話だ。

ほどなくしてテーブルに野菜たっぷりのおかずと具だくさん味噌汁が並べられる。家では「嫌い」

と言ってよける野菜も、みんなと一緒だとモリモリ食べてくれる。

共同キッチンで調理した人でも、ご飯はコミュニティ食堂の大きなジャーから分けてもらえるので本当に助かる。しかもお代わり自由。自分の食べる分を自分で決めてよそわせてくれるので、子どもたちも神妙な顔つきでお茶碗を持って並ぶ。

食事を終えた先ほどのおばあちゃんが、食べ終えて飽きてしまった下の子をさっと抱き上げてあやしてくれるので、その間に上の子と一緒に落ち着いて食べることができた。なんだか久しぶりによく噛んで食べた気がする。

子どもたちはいただいたゼリーを楽しみ、親たちも一通り、職場でのストレスをおしゃべりで解消し、「じゃあ、おやすみー。また明日ね！」。あとは帰って子どもたちをお風呂に入れて寝かすだけだ。お休み前の絵本は〝みんなの本棚〟から子どもが選んで借りてきた。

さっき集いの館で、味噌づくりのワークショップに誘われた。子どもたちが寝たらスケジュールを確認して申し込んでみよう。そう言えば、月末の土曜日、中学生の学習支援ボランティアを頼まれていたんだった。お返事しなくっちゃ。中学生の英語ならなんとかお手伝いできるかな。数学はかなり怪しいから、いっそ夫も巻き込もうか。

「たまには地域貢献しようよ！　うちの子、お兄ちゃんたちに遊んでもらって、お世話になってるんだから」って言ってみよう。中学生たちは一見強面だけど、子どもたちへの接し方が優しくて、ホントは素直ないい子なんだなあって、だんだんわかってきた。中学生たちが、「家だと遊んじゃうし、みんなで勉強する場所が欲しい」ってプレーパークのリーダーにつぶやいたのがきっかけで実現した学びの場だそうだ。コーディネーターが地域の人たちに相談しながら、ボランティアを募っている。

　さすがにうちの子どもたちがいたら勉強の邪魔になるかしら。上の子は囲碁をおじさんたちに教えてもらう約束していたみたいだし、下の子はきっとニットカフェのおばさまたちが編み物をしている横で見ていてくれるから、夫婦でボランティアしていても何とかなるかな？

　おやつにこのあいだ作り方を習ったスコーンでも焼いて持っていこうかな。あそこで教わるレシピは、こんな私でも美味しくつくれるようにできている！　ウェブ上で共有してもいいくらいだ。集いの館レシピつき食材セットにしたら、子ども園のお迎え帰りのパパとかに売れるんじゃないかしら。運営委員会に提案してみよう。恐る恐る運営委員になったけれど、いろんな世代の人たちと仲良くなれるし、子育て中の人の意見をよく聴いてくれる。どんどん企画も提案して実現していけるからけっこう楽しい。

＊

　一人目を出産した直後は、仕事に復帰できるのか、働きながら子育てなんてうまくできるのか、正直言って自信がなかった。実家の母もお世話になっている集いの館が、わが家の近くにもあることを知った。買い物がてらのぞいてみたことがきっかけで、子連れでもできるプログラムや赤ちゃんの集いのひろばに参加したりして、育休ライフを充実して過ごすことができた。

「家事をするなら昔ながらのおんぶがいいわよ！」と教えてもらった時は、難しそうだと思ったけれど、今ではすっかり慣れて、子どもも歩き疲れると自分から「おんぶ〜！」とよじ登ってきてくれるので助かっている。抱っこの時に比べて、おんぶしていると、誰かしら声をかけてあやしてくれるので、町内に知り合いも増えた。

＊

ニットカフェのチラシづくりにおばさまたちが悪戦苦闘しているのを見るに見かねて手伝ったことから重宝されて、パソコン作業があるときは何かと声をかけられる。仕事でやっていることに比べたらなんてことない作業だ。子どもはおばさまたちから「抱っこさせて！」とひっぱりだこ。ちょっとパソコンの作業を手伝っただけなのにすごく感謝されてしまって、くすぐったかった。子育て中って、「すみません、すみません」と謝ってばかりで肩身が狭かったけれど、私にも地域の中で役に立てることがあった、とうれしくなった。

会社でも妊婦の同僚に、「出産前に自宅近くの集いの館を探していってみて！」っておススメしたほどだ。二四時間親子で過ごす育児休暇中は、今振り返っても濃密で、夢中にもなれたけれど、緊張が続いて息が詰まるような気持ちにもなった。

やはり街のいろんな人が集まる場に出会えてよかった。子どもの名前をみなさんが覚えてくれて、一緒に成長を見守ってもらえるのも喜びの一つ。子育ての初めの一歩で集いの館とのつながりができると本当に心強いはず。

育休が明けて会社に復帰してからも、保育園帰りに集いの館に立ち寄れば夕ご飯を食べさせてくれる。共同キッチンでつくったおかずをおすそ分けしてもらったり、買い物している間に子どもを見ていてくれたり、本当に助けてもらえた。あのバックアップがあったからこそ「もう一人産めそうだ！」って思えたんだ。そこは夫も同感だと言っていた。

二人目の妊娠中は、集いの館のコーディネーターが私と家族の状況を丁寧に聞き取って、行政で受けられるサービスを紹介してくれたり、産後に我が家のために家事や子どもの送り迎えを手伝ってくれるグループを地域の方々が結成してくれた。だから、二人目の出産も安心して迎えられた。

赤ちゃんを連れて集いの館に「生まれました！」って報告に行った時の「お帰り〜。おめでとう！」の声が本当にうれしかった。そんな居場所があるってスゴイと思う。

私の入院中、上の子と夫は朝に夕に集いの館の常連のようになっていた。食事の時などは、上の子が自分より小さい子たちの面倒を見ていたそうだ。幼い子どもだって、してもらってうれしかったことは、次の人にしてあげられるんだ。次は友だちが出産するから、またサポート隊が結成されるかしら。いざという時には「あて」のある地域でありつづけたいものだ。実家の母も、一人暮らしをしながら集いの館にバックアップしてもらえていると思うと、私もここで、支援してもらいつつ、自分が誰かの助けになれるといいなと思えるようになった。

昔はなんでも一人でできることがかっこいいと思っていた。けれど、「助けて！　話をきいて！」と気軽に言える関係があるのが大事なのだとわかった。普段から地域の人たちとつながっていることで、いざという時に頼んでみようかな、と思えるのだ。きっと、すごく困ってからでは、援助を受けることと自体が難しかったと感じる。お礼を言うと「お互いさまだからね。甘え上手になってね」と笑ってくれる。保育園仲間には、いろんなことを一人で抱え込んでしまってうまくいっていないように思える人もいる。集いの館の人生の先輩を見習って、「いつでも話をきくよ、できる限りお手伝いする準備があるよ」というメッセージを出し続けたいと思っている。

＊

幼い子どもの世界は、お金と時間の流れが世の中と違う。でも、それを保障することはけっこう難しい。本気で取り組まないと、すぐに大人の現実の時間が流れ込んでしまう。かといって、「一人では無理」とサービスを購入してばかりいても、うまくいかない。「子育ての孤立解消」という謳い文句で、お金を払うだけ、肩代わりをしてくれるだけの子育ての産業化が進んでしまった。早期教育の名のもとに商業化された「しつけ」は、子どもにとっては「おしつけ」になっていないか。

乳幼児期は、順番を守って友だちとうまく遊べるように教材で教えることの前に、体ごと自然の中に飛び込み、たくさん遊んで五感を刺激することが大事だと感じる。どろどろ、ぐちゃぐちゃ、べとべと、びちょびちょを体験できるのやはり外での遊び。プレーパークに行けば、年上の子どもたちも集まっているのでちょっとした異年齢の遊び集団を体験できる。集いの館のコーディネーターが、第二子妊娠中に上の子のパワーを持て余していた私に紹介してくれた場所だ。普通の公園と違って禁止事項をなるべくなくし、住民同士で運営する遊び場で、遊びを見守るプレーワーカーが常駐している。我が子が泥だらけで遊ぶ姿を見ていて、このぐらいの月齢では狭いところでおもちゃの取り合いに気を使って「上手に」遊ぶなんて変だな、とわかった。コーディネーターが、「子育ては社会全体でするものよ」と話してくれたことは忘れられない。身重の状態で上の子と一対一で相手しなければと気負っていたから、プレーワーカーが子どもたちに声をかけて思いっきり遊んでくれたのはありがたかったし、そこで出会えた子育て仲間はそのまま子ども園仲間になって、助け合いながら子育てしている。

そもそも、ままならない乳幼児の世話はもちろん、これだけ介護の手が足りなくて、身内だけでなく地域のお年寄りにも関わらなくてはならない時に、人と触れあうことができないまま育ってもらっては困るのだ。子どもの時にさまざまな経験をすることが、ひいては多様な人々を受容し、人間形成の土台となるのではないかなと感じる。子どもの頃の経験があれば、困ったことも乗り越えていけると思うのだ。

集いの館で、雨が降りそうだから急いで帰ろうと、子どもに靴を履かせようとして抵抗され、失敗した。今思うと、「ジブンデ！」となんでもやりたがる時期だった。地域の方が笑いながら、「どれどれ、自分で履くの？　見ててあげるから履いてごらんなさい」と、ゆったりと「待つ」関わりをしてくださった。子どもたちの成長を見守るには大人都合ではうまくいかない。「子ども時間」を一緒に過ごしてくれるシニア世代のゆとりが必要なのかもしれない。

コミュニティワーカーを雇用するという文化をつくる

地域における子ども・子育て環境がどうあるべきか、日々の暮らしの中から課題に気が付き、「よい問い」をたて、困っている人たちと共に解決にむかって話し合い、地域を巻き込み、住民を組織化して、資源を開発する……。筆者は地域の中にコーディネーター的存在が必要だと常々感じてきた。

平成二七（二〇一五）年度から消費税を財源とした子ども・子育て支援新制度がスタートした。待機児の解消や幼保一体化で注目されているが、実は、地域子育て支援に光をあてた政策だ。なかでも「利用者支援事業」が創設され、地域の子育て家庭へのより丁寧なアプローチが期待されている。利用者支援事業は、行政のサービスがより利用しやすいように、子育て家庭へつなぐ役割とされているが、それだけでなく、地域のインフォーマルなサービスの提供や、資源の発掘、開発なども視野に入れた、「個と地域の一体的な支援」（岩間・原田二〇一二）を行う事業になりうる。各家庭の困りごとに寄り添い、その家庭にあったオーダーメイドの支援を提示し、つなぎ先がなければ地域の中に生み出す。

主体はその土地の住民であり、一番困っている弱い立場に置かれている人たちと共に、自分たちにとって暮らしやすい地域にしていく。そこには施しや一方的な支援は存在しない。その人たちがどうしたら晴れ晴れと、居心地の良い毎日を暮らせるか、その人たち自身が解決できることを信じて耳を傾けることからはじめる。「良く聴かれる」ことは、その人のあらゆる可能性や持てる力を引き出して、エンパワメントすることにつながる。

冒頭の子育て家庭の日々の中に窺えるように、集いの館のコーディネーターが黒子となって子育て中の家庭に寄り添い、地域のシニアや子育て仲間をつなぎ、予防的に関わっていく。子育て家庭にとって、行政サービスに加えて日常的な地域の見守りがあることが、産前からの切れ目のない支援につながる。何かが起こってからの支援ではなく、起こらないことを起こしていく予防型に切り替えた取り組みに期待したい。「妊娠・出産」から始まる「幼い子どもとの暮らし」に必要なことは膨大なのだ。

普段の気の張らない食事づくりも大切だ。スバラシイごちそうではなく、地味な毎日の繰り返しのなかで、誰かと共に食事をつくって食卓を囲む喜びや楽しみ。

消防団や青年団といった既存の地縁的なつながりが薄れてきた中で、父親たちのグループのよりよいつながり方の模索も必要かもしれない。

新しく引っ越してきた人たちへのガイドやマップづくりは、子育ての当事者からのアイディアとパワーで各地に活動がひろがってきた。自分たちで必要なことに自ら取り組んでいいんだというメッセージを出すこと。子どもの成長にあわせてだんだんと仕事のペースを上げたり、ワークシェアなどの「小さな働き方」や就労支援、働く場づくり。子どもを預けあうことができる自主保育グループや、セルフヘルプグループ。働きながら子育てすることが、「ハンデではなくキャリア」となる道筋づくり。乳幼児期の不慮の事故を予防するための学び、啓発。過去二〇年間、乳幼児の死因のトップは長らく不慮の事故だった。世の中は便利になる一方だが、子どもの命に関わる視点では弊害も大きい。チャイルドシート着用の重要性や、正しい装着の仕方、子どもの育つみちすじに沿った大人の関わり方など、大事な学びがなかなか浸透していかない現実がある。二〇一三年の横浜市の調査では、自分の子どもが生まれるまで赤ちゃんのお世話をしたことがなかったと答えた人が七四％を超えた。子どもを取り巻く環境はどんどん変化し、子どもにも影響を与えている。情報を共有し、発信し、商品や環境への提案も必要だ。

産み育てにむかうためのセルフケアをティーンエイジャーのころから学ぶことも重要だ。子どもを育てる過程での大切なことを、どう伝承していくか。日々刻々と変わる暮らしの中で、誰がその役割を担っていくのか。もはや、親だけにその役割を背負わせていても、子どもを守ることはできない。集いの館が地域の拠点となり、さまざまな立場の人々と共に助け合いの場をつくっていくには、人々が互いにボランタリーに関わっていくことが大事だ。そのためには、まさに利用者支援事業が求めるような、それをしかけていくコミュニティワーカーが必要となるだろう。

コミュニティワーカーや支援者に必要な視点は、あくまでも自分たちでやれた、という自信を持ってもらうということだ。いわば、子育ての当事者は運転席に、支援者は助手席に座る、黒子でいるという間接的な支援を心掛けることが大切だ。そもそも、子どもは「育てる」のではなく「自ら育つ」という視点に立つ必要がある。親自身が地域の中で「支援される人」と固定されず、時には得意分野を生かしてコミュニティに貢献できるよう、強みを引き出していく働きかけを行うことで、皆の自己肯定感が高まり、地域にも良い循環が生まれていく。

コミュニティは流れるプール――流れるプールのつくりかた

地域に課題を見つけ、アクションをおこす時は、コミュニティワーカーをはじめとする、コアとなる人たちが努力しなければ流れはできない。拙速は避け、注意深く、アクションを起こしていく。地域を俯瞰して「資源」を探し出してみる、作戦会議を開催する。その地域に起きていることは何なのか、見えている課題だけでなく、その課題の背景をもとらえることが大事だ。因数分解していくと、地域の人たちの力を持ち寄って解決できることも見えてくる。見通しをたてて行動を起こすことが大事だ。

いったん流れができたら、少し力を抜いても、流れに身を任せることができる。後から入ってきた人やフリーライダーをもうまく受け入れたい。彼らには、流れが弱くなってきたら「流れをつくるの手伝って！」と声をかけるのがコツだ。お客様にしてしまうと最初のメンバーがいつまでも役割を担わなければならないので、上手に抜けていくことも大事だ。誰も手伝ってくれないと嘆きつつ、その実、役割を奪われるような気がして誰かに手渡すことができないという人も多いのだ。

みな、世代交代に悩んでいる。長きにわたって積み上げてきた役割は、いきなりどんと手渡されると思うと身がすくむ。地域のために、となるとなんだか仰々しいし、そもそも受け身的な手伝いでは、身も入らない。課題意識を持ってもらう機会や情報を提供していくことから始めなければならない。一番困っている人の声を聴く、その人たち自身にも何らかの形で力になってもらう。

そのためには、課題の一部からとか、二人ペアで担うなど、課題を「一口大」に切り取ったら取り組みやすい。手渡し方の工夫をする。たとえば、課題をよくわかっていて、仕事の手早い人が何でもやってしまわない。「みんなでやった」「私にもやれることがあった」「私にも役割がある」と思えるようにしていくための知恵だ。慣れている人は、つい手を出しすぎてしまったり、課題の空白がみつかると埋めたくなるが、次の人も関わることができる余白が必要なのだ。

それには時間もかかるし、話し合いでは沈黙も起きる。しかし、深く観察されている時の沈黙がもたらすものは実は大きい。子育ての分野では、子どもの育ちに合わせてどんどん課題が変化していくため、当事者としてはとどまって取り組む人が定着しにくい現状がある。それを逆手にとると、人が循環しやすく、次の世代へと受け継ぎやすい。地域の役割を子育て中の親が担えるようにする良さはそこにあると考える。支援する／される構図を外し、働きながらでも地域に関われるような小さな役割を集いの館で準備しておきたいものだ。

集いの館の可能性

集いの館に地域の核ができたら、徐々にアウトリーチにも取り組んでいける。来てもらうために気軽に立ち寄れる仕掛けをしつつ、状況に応じて訪ねていく、別の会場をつかって知ってもらうきっかけをつくる。集いの館で知り合った住民たちが、街のまったく別のところで「何か」を始めることもあるかもしれない。企業の中での取り組みにつながるかもしれない、それはまた、街にとって新たな資源となる可能性を秘めている。

集いの館は、「機能」と「サービス」だけがウリではない。目に見えない人と人とのつながりや、育ちあう人間関係、温かいエピソードなどが、集いの館からはみだして、やがて街の中にもあふれだしていく。

これからの日本、「動かぬ与件」を追ってばかりいては、将来に暗雲が立ち込めるように感じられるかもしれない。しかし、集いの館を拠点に、これから生まれ育っていく子どもたちの育ちを保障し、子どもが遊べる環境を守り、子育ての当事者が自ら生き生きと暮らせる街を本気で志向していくとき、果たして何が起こっていくだろうか。楽しみなのである。

【参考文献】

岩間伸之・原田正樹（二〇一二）『地域福祉援助をつかむ』有斐閣
ＮＰＯ法人せたがや子育てネット（二〇一五）『子ども子育てコミュニティワーク』
子ども＆まちネット企画編集（二〇〇九）『ヒア・バイ・ライト（子どもの意見を聴く）の理念と手法――若者の自立支援と社会参画を進めるイギリスの取り組み』萌文社
リー、ビル（二〇〇五）『実践コミュニティワーク――地域が変わる社会が変わる』武田信子・五味幸子訳、学文社

第六章　地域の核としての「集いの館」の可能性

白鳥和生

人々が補い合う仕組み

日本社会はこれから一段と高齢化し、働き手である若い世代が減り、未婚、死別などの理由による一人暮らしの高齢者も増えていく。こうしたなか、食事・洗濯・掃除などの生活に必須なことすべてにわたって、面倒をみたり、世話をしたりするニーズは大幅に増える。

人口減少・超高齢社会ではさまざまな生活面でのインフラが充分でなく、マンパワーが不足する状況に陥る。社会においては財政面から行政サービスの機能が低下していることが予想され、高齢者の多くは身体的な機能の低下が避けられない。人口減少・超高齢社会においては、現代の通念で働き手と考えられる人が高齢者を一方的に支えるような体制は成り立たない。

評論家の三浦展氏が指摘するように、二〇五〇年の社会においては、不安を解消したり、不足を埋め合わせたりするために、「不」を抱えた人同士が補い合う仕組みを考えるべきである。つまりお互いがケアし合い、少し余剰感があるものはシェアし合う社会が求められる(三浦二〇一三)。

特に人々が住む地域社会(コミュニティ)においてケアし合い、シェアし合う「拠点(核)」の構築が必要になるだろう。それはボランティアなど現在のビジネスの論理とは離れたオルタナティブな次元で考えるべきものかもしれない。確かに、消費財を売るビジネスは、人口減少に伴って売り上げを確保するのは難しくなる。多くの企業はマーケットを海外に求めるだろうが、事業展開を海外に求められない事業を生業とするプレーヤーは国内での収益で存続していかなければならない。生活協同組合などはその代表格である。だから国内に残るプレーヤーは事業としてケアとシェアのコーディネート機能を持ち、収益をあげていくという方向性を指向することになる。

私たち二〇五〇研究会が提言する「集いの館」はケアとシェアを軸とし、さまざまな生活者ニーズに対応する事業を展開する企業や団体・個人をつなげる拠点である。自転車の車輪のように、集いの館が車輪の軸(ハブ)となり、さまざまなニーズにこたえる企業や団体、個人にネットワーク(スポーク)が伸びていく「ハブ&スポーク」のイメージだ。

高齢者でも元気で余力のある人は、同じ高齢者をケアする。こうしたケアをシェアするためには、人と人とのつながり、関係性、さらにはコミュニティを再構築する必要が増してくる。家族や親戚ではなくても、親しい友人や知人、隣近所でケアをシェアできる仕組みが必要になる。集いの館はその結節点であるべきだろう。

米ハーバード・ビジネス・スクールのマイケル・E・ポーター教授は「CSV; Creating Share Value」を提唱する(ポーター二〇一一)。CSVが求められるのは、しばしば対立関係に陥りがちな企業と社会との間に共通価値を作り出さなければならない時代が到来しているからだ。企業は地域社会と価値を共有し、ビジネスを通じて地域社会の再創造に貢献すべきであり、CSVの考え方がなければ二〇五〇年の課題は乗り越えられない。

すでにコンビニエンスストアやスーパー、あるいは地域のＮＰＯなどによって、地域の高齢者や子育て家族に対して、買った商品を宅配するサービスや買い物代行、食事を届けるサービスが広がっている。さまざまな家事の代行を事業とする企業も増え、各地で地域ニーズに対応したコミュニティビジネスの担い手も誕生し始めている。

だが、配達された食事を一人で食べるのはわびしい。だからコミュニティカフェのような場所を人々は求めるはずだ。その役割は生協や小売業、外食産業、食品メーカーが担い、公的セクターやＮＰＯも当然担い手として期待される。つまり、地域の人が経営し、地域の人を雇用し、地域の人が客としてくる――そうすることでそこそこの利益を出しながら地域の経済を回していくというオルタナティブなビジネスの論理が志向されるようになるはずだ。

高齢化に対応するコンビニエンスストア

集いの館は、言い換えれば「コミュニティ型コンビニエンスストア」である。参考になるのが最近の有力小売企業の高齢化対応である。特にコンビニエンスストアは年々、地域社会のインフラという性格を強めている。買い物だけでなく住民票の写しの取得や公共料金の支払いなど公的サービスの窓口にもなっていった。深夜の防犯活動に協力し、災害時に生活物資を供給する準備も進めている。

ローソンは二〇一五年四月、ケアマネージャーが常駐し、高齢者や居宅介護者を支援する店舗の一号店を出店した（ローソン二〇一五）。この「川口広末三丁目店」は、埼玉県を中心に老人ホームなどを展開するウイズネット（さいたま市）がフランチャイズチェーン（ＦＣ）加盟店となった。

店舗面積は二二四平方メートル、うち売場面積が一七二平方メートル、居宅介護支援事業所・介護相談窓口が一三平方メートル、サロンスペースが一二平方メートル。事業所にはケアマネージャーまたは相談員が常駐し、午前八時半から午後五時半まで年中無休で、介護等の相談を受け付ける。サロンスペースは八席の椅子・テーブルを備え、介護予防教室をはじめ、自治体、地域のサークル・イベントなど主に中高年層の健康づくりや社会参加に役立つさまざまな情報を提供する。サロンの奥には完全個室の相談室も設けた。

物販の総アイテム数は約四〇〇〇種類で、通常店の標準的な商品に加え、生活サポート商品二五〇品、シニア商品二五〇品(うち介護関連商品七〇品)を揃えた。ウイズネットの配食サービスと連携した商品配送サービスも行う。

ローソンは二〇一七年度末までに、こうした介護コンビニエンスストアを三〇店舗出店する。玉塚元一社長は「コンビニ(エンスストア)で介護の相談ができるというのは行政の窓口と違い敷居が低い。利用しやすいようにシニアの商品を増やしている」と語っている(『日経MJ』二〇一五年四月一〇日)。

ファミリーマートは生活者の一番身近で営業するコンビニエンスストアの強みを生かし、地域と連携した社会インフラサービス提供店舗をめざす「ライフソリューションストア」構想を推進している(ファミリーマート二〇一二)。その一環として調剤薬局やドラッグストア計一六社と提携し、医薬品を扱う「+ファミリーマート」を二〇一九年三月までに一〇〇〇店つくる計画だ(『朝日新聞』二〇一五年四月七日)。東京・外神田の店では簡易型の血液検査サービスを五〇〇円から提供する。血糖値やコレステロール値を調べ生活習慣病予防に役立てられ、検査結果も五分ほどでわかる。

セブン－イレブン・ジャパンの店舗では一九九九年に一四％だった五〇歳以上の来店客の割合が、二〇一三年には三〇％と倍増している（『日本経済新聞』二〇一五年四月四日）。栄養バランスのとれた弁当を宅配するサービス「セブンミール」は全国の四分の三の店で扱う。同サービスは電話などでも注文ができ、会員は約六六万人。六〇歳以上が六割を占め、どの店にもある「標準サービス」をめざしている（『日本経済新聞』同）。

同社は二〇一四年以降、福岡県や千葉県と協定を結び、宅配先の高齢者に異常があれば専門機関に通報する見守り活動に一部の店が参加している。経済産業省によれば、自治体の二割強がコンビニエンスストアに対し見守り活動など高齢者への対応の強化を期待しており、これが進むと高齢者が安心して暮らせる街が増える（経済産業省二〇一五）。

ドラッグストアの試み

ドラッグストアを介護情報の提供窓口にしようという動きもある。日本チェーンドラッグストア協会は二〇一三年春に「介護情報提供員」の認定制度を導入した（『日刊ドラッグストア』二〇一四年三月六日号）。同協会が適切な健康指導の知識を持つ店舗スタッフに対して認定する「ヘルスケアアドバイザー」は、複雑な介護制度の試験や地域の介護関連施設を地図にするなどの実技を経て資格を取得できる。

実際の介護に携わるわけではないが、資格を取得したスタッフは介護についての知識や地域の関連情報を高齢な来店客に提供し、地域の健康拠点としての機能を果たす。介護情報提供員の数は約一〇〇人だが、「将来ドラッグストアや薬局一店当たり一人は資格取得者を配置できるようにしたい」（協会）という（『日経ＭＪ』二〇一五年三月二日）。

高齢化で消費者の行動範囲は狭まり、買い物の頻度も減少する。どのようにして顧客との接点を広げて販売につなげるか。小売業が物販にとどまらないサービスを工夫するなか、介護などの福祉分野に取り組む動きが広がる可能性がある。

神奈川県を地盤とするドラッグストアのクリエイトＳＤホールディングスは店舗併設型デイサービス（通所介護）施設を運営している（http://www.createsdhd.co.jp/individual/tabid/63/Default.aspx）。デイサービスでは介護予防のために日常的な動作の維持・向上を重視した筋力回復訓練を実施。特徴はプログラムの一環で隣接するドラッグストアでの買い物を取り入れている点だ。

店舗では大衆薬や飲料、パン、肉や野菜など生鮮食品も扱う。商品は利用者を自宅まで送るマイクロバスで運ぶ。デイサービス事業会社サロンデイ（横浜市）は現在四〇カ所にデイサービス施設を持ち、八カ所がドラッグストア併設型だ。「買い物という目的を持つことで施設利用者が運動しようという意欲も高まる」と見ており、今後はこうした拠点を増やす方針という（『日経ＭＪ』同）。

調剤併設型ドラッグストアから地域医療対応型ドラッグストアへ――。スギホールディングス傘下のスギ薬局は愛知県の三河エリアに旗艦店を相次ぎ出店している。二〇一四年七月にオープンした「上地一丁目店」は同社初の試みとなる介護用品レンタル・販売コーナー「スギ岡崎ステーション」を備えたのが特徴だ（『月刊激流』二〇一五年二月号）。一三二平方メートルのスペースを確保し、電動カートや電動ベッドなど介護用品を並べたほか、介護用の風呂場まで展示。商品数は約六〇〇品目にのぼる。

ステーションには福祉・介護相談カウンターが設置してあり、福祉用具専門相談員・介護福祉士が商品説明や介護保険の案内をする。カウンターには上地一丁目店のある愛知県岡崎市の介護保険の手引きや地域包括支援センターのパンフレットがあり、自治体の情報を提供。介護に関する情報拠点の役割も担っている。

医療や介護の面だけでなく、品ぞろえでは食品コーナーを拡充。冷凍食品のコーナーにはスギ薬局の完全調理済み冷凍健康管理食「健康美膳」が並ぶ。スギ薬局と武蔵野フーズの健康宅配事業部が協力して開発した弁当で、エネルギー調整食やたんぱく調整食といったメニューを提供。家では電子レンジで温めるだけで、管理栄養士が作成した安心食材の献立を楽しむことができる。

地域における「ハブ&スポーク」

地域には高齢者だけが存在するわけでなく、二〇五〇年においても世代間の交流がなければ地域社会は成り立たない。今後の世代間交流のモデルになりそうなのが、二〇一五年四月に横浜市に完成した高齢者住宅「ココファン横浜鶴見」だ(『日本経済新聞』二〇一五年三月二五日)。学研ホールディングスが横浜市から土地を借り上げて手がけたもので、六階建てで全七〇戸。近隣には保育所や小中学校があり、一般向けの部屋と高齢者専用の部屋が同じフロアに入る物件だ。

二階以上が住宅で、一階には介護サービス拠点や、クリニック、学研の学習塾やコンビニエンスストアなどが入る。広さ三〇〇平方メートルの交流スペースも設けた。多くの世代や地域との交流を企画するコーディネーターを配置し、高齢者が子どもたちに書道やそろばんを教えるといったイベントを催すという。

私たち二〇五〇研究会が提言する集いの館は、同じ小学校区に住む住民が気楽に集える場であり、生活に必要なモノ・コトにアクセスできる場である。いわば地域のプラットフォームであり、さまざまに存在する企業や団体・個人を結ぶハブ&スポークの役目を果たす。

また、集いの館では地域住民の健康管理サービス分野も大事な機能の一つになる。小売業やIT(情報技術)ベンダー、医療機器メーカー、電気通信事業者などがすでに多くの健康管理サービスを提供している。スマートフォン(スマホ)の健康管理アプリも多く存在するが、二〇五〇年には「モノのインターネット(IoT: Internet of Things)」化が定着し、さまざまなデータが蓄積できるだろう。

たとえば、体重計などを手掛けるタニタ。健康管理サービスの提供で先行する同社は、「タニタの健康プログラム」を自治体や企業、健康保険組合向けに提供している。内容は、①タニタの通信対応機器を利用した体組成や血圧などの計測、②計測データの管理と利用者への提供、③ウォーキングイベントや健康セミナーの実施——などがパッケージになっている。導入希望団体は課題と予算に応じて自由に内容をカスタマイズできる。計測データは、パソコンやスマホにおいてグラフ表示。変化が一目でわかるようになっている。

集いの館は、こうした健康サービスを提供する事業者との連携を検討すべきだろう。政府の「日本再興戦略」に基づき経済産業省内に設置された「次世代ヘルスケア産業協議会」において、血液の簡易検査が違法ではないと確認されており、二〇一五年の段階でも、医療機関ではなくてもサービス提供が可能になっている。

一方、集いの館はビジネスとして採算性を確保しなければならない。食品スーパーは半径五〇〇メートルを一次商圏として商売し、商圏内の占拠率を高めることでビジネスを成り立たせる。同様な考えから、子育て中の親、学童、自立して生活できる高齢者が歩いてアクセスできる距離と物販機能の商圏を勘案し、集いの館が担う地域の範囲を小学校区とした。

ネット通販などのマーケットは拡大を続けるだろうが、人手不足の問題もあって商品の配送サービスは自宅まで届ける「個配」は難しくなるはずだ。集いの館は商品を受け取る拠点にもなり、一方で、気に入らなかったりイメージと違ったりした商品を通販業者に返品する窓口となることも予想される。実際、セブン&アイグループは「オムニチャネル戦略」の一環として一万七〇〇〇店超にのぼるセブン‐イレブンの店舗を活用することを打ち出しているほか、ローソンも佐川急便を傘下に持つＳＧホールディングスと提携し、店舗での商品の受け渡しに乗り出した。

集いの館を運営するのに必要なスタッフを確保するには、七〇歳代の元気な高齢者に運営主体になってもらわねばならない。だから元気な高齢者から見て、集いの館の運営メンバーになることが魅力的だと思える仕組みにすることが必要だ。

健康や安全を最優先に考える生活者は当然多いだろうが、集いの館が地域の核として定着するためには便利、快適、娯楽といったニーズも同時に満たすハイブリッド型の商品・サービスを開発していくことがカギになる。健康に良く娯楽の要素も兼ね備えたスポーツの領域や、ＩＴを活用することなどで楽しみながらゲーム感覚で学習できるエデュテイメント(教育と娯楽の合成語)の手法がその典型だ。

集いの館は、前述したハブ&スポークの拠点として、店舗では供給できないサービス・機能については他企業や団体、個人に頼り、それをつなぐ。いわば「オープンプラットフォーム戦略」をとることで、多様なニーズに対応することになる。困ったら、また必要性を感じたら「まずは集いの館へ行こう(連絡してみよう)」という地域のファーストアクセスを担う情報拠点に位置づけられる存在にならなければならない。「高齢者をはじめとする生活者への持続的かつ実効的な商品・サービスの提供」の拠点となり、ネットワークによる豊富な品揃えと専門家のサポート体制によって、積極的に地域社会に関与していくのだ。

また、買い物弱者対策においては、「店舗に来てもらうという従来の集客型から、より消費者に接近して需要を掘り起こしていく接客型に移行するという視点が重要になる」(上原征彦・流通経済研究所前理事長)と言われる。在宅医療や介護分野に絡めた商品の宅配、移動販売、送迎といった機能も備え、専門家による提案や指導、情報提供を介在できる集いの館が持つネットワークの強みを積極的に地域へ打ち出すべきだろう。

非効率性のなかにチャンスがある

人口減少下にあって、集いの館は非効率に映るかもしれない。だが、ある企業にとっての非効率な分野は、別の企業の商機ともなるはずだ。ヤマト運輸の「宅急便」がそうであったように、生活者の「不」の解消にビジネスチャンスがあるのはいつの時代も同じである。二〇五〇年の日本においても、非効率性を乗り越えた企業や団体、個人が生活者の支持を勝ち取ることになる。

零細な小売店は販売数量が少ないため卸売企業への最低受注単位に届かず、仕入れを見合わせることがある。集いの館の商品調達についても不安が残るが、解決のヒントはある。二〇一〇年から食品卸大手の国分がヤマトホールディングスと組んで始めたサービス「国分ネット卸」や、山崎製パンが手掛けるボランタリーチェーン（ＶＣ）方式の「Ｙショップ（ヤマザキショップ）」の活用である。

国分ネット卸事業は、規模や輸送の面から大手卸と取引できない個店を想定したサービスだ（『日経ＭＪ』二〇一一年一一月二八日）。ヤマトが張り巡らせた宅配網に、国分がネット経由で小売店などから注文を受けた食品、飲料、日用雑貨品を乗せれば翌々日には店に届く。決済もヤマトのグループ企業が請け負い、国分は商品調達に専念。離島でも新製品が都市部とほとんど時差なく店に並ぶ。

ネット卸事業は買い物弱者の支援という側面も持ち、消費者の不便さを解消することにもつながった。まとまった仕入れが困難になった都心の個店も多く利用。商品は加工食品や野菜など約八五〇〇品目だが、精肉やアイスクリームなど全温度帯の商品をそろえる方針を打ち出している（『日経ＭＪ』二〇一三年二月一日）。

和歌山県の自治体でありながら、三重県と奈良県に囲まれている飛び地・北山村。信号が一つもない人口五〇〇人に満たない山あいの小さな村に、二〇一四年七月、村営のコンビニエンスストアが開店した（『朝日新聞』二〇一三年七月一日）。

この「ヤマザキショップじゃばら屋」は、村営の温泉施設の土産物店の一角を改修した。店内はパンや弁当、飲み物、日用品といった通常のコンビニエンスストアの品ぞろえのほか、村特産のかんきつ類・じゃばらのジュースやあられなどの土産物もある。村内にある小売店との競合を避けるため、酒とたばこは置いていない。北山村は村内の大沼郵便局と提携し、住民から注文を受けたコンビニの品物を有料で郵便局が宅配する事業も始めている。

村がコンビニを設置したのは、村内で日用品や食品を扱っている店が四店舗と少なく、住民らの悩みになっていたためだ。生鮮品を購入する場合、住民らは週一―三回巡回する移動販売車や、自家用車で一時間の新宮市や四〇分の熊野市のスーパーに出掛けるなどしていた。このため村は、経営指導などの高額なロイヤルティーが不要で、毎月の負担が三万円と少ないヤマザキショップ（Yショップ）との提携を決定し、開店させた。月平均三五〇万円の売り上げがあり、収支はトントンという（『中日新聞』二〇一四年二月三日）。

Yショップは山崎製パンのFC方式のコンビニエンスストア「デイリーヤマザキ」とは違い、売り場面積は小さいが、地域や客層に合わせた品ぞろえを特徴としている。原則二四時間営業ではなく、休日を設けている店もある。もともと大手スーパーやコンビニエンスストアの台頭で、パンを卸していた小売店の売り上げが低迷していたのを受け、一九八二年に山崎製パンが小売店活性化のために始めたものだ。

過疎の村にYショップが出店できたのも、最大の武器である全国規模の自社物流網があったからだ。四八カ所の工場・営業所から約三〇〇〇台ある自家用の配送車で、約三八〇〇のYショップを含む全国約九万七〇〇〇店に商品を供給。それが過疎地までの配送を可能にしている。だから大手コンビニではとうてい維持できない辺鄙なところでも店舗運営が可能というわけだ。

さらに通常のYショップは日商一〇万円が採算ラインだが、山崎製パンでは一〇万円に満たなくても採算がとれる店舗モデルも開発している(『月刊激流』二〇一一年四月号)。それは三〇〇〇種類を超える登録商品アイテムの中から売れ筋の五〇〇品目を選び出し、山崎製パンが届けるという仕組みだ。

これは小学校区という狭く小さい商圏をターゲットとする集いの館にとって願ったりかなったりのリテールサポート(小売支援)になる。山崎製パンは同モデルをテコに、全国農業協同組合連合会(JA全農)と提携し、地域農協の直売所や購買所などの店舗一〇〇〇店以上を今後二—三年以内にYショップに転換する計画を進めようとしている(『FujiSankei Business』二〇一一年九月五日)。

こうした事例を参考にすれば、ハブ&スポークの役割を担う集いの館が収益を挙げる可能性がある。よろず相談デスクは生活者のニーズ、つまり介護や医療、福祉、冠婚葬祭、金融や資産形成など幅広い相談に乗り、それらのニーズにこたえられる事業者をつなぐ。こうした事業者の代理店として契約し、紹介手数料を稼ぐ。その収益で運営コストを賄うビジネスモデルが考えられる。

「地縁」を結ぶ拠点

集いの館をコミュニティ型コンビニエンスストアと表現したが、さらに言い換えれば「地縁ストア」だ。

二〇一〇年一月、NHKが「無縁社会——〝無縁死〟三万二千人の衝撃」を放送したことが、「無縁社会」という言葉を世に広めるきっかけになった(NHK「無縁社会プロジェクト」取材班二〇一〇)。NHKの番組は衝撃的な内容だった。毎日、誰もが人と関係を持ちながら生きている。地域、会社、趣味、学校、親戚関係など結びつきはさまざまだが、誰もが何らかのつながりのなかで生活していることに異論を唱える人はいないだろう。にもかかわらず、誰にも知られないまま人生の最期を迎える〝無縁死〟が増えているというのだ。三万二〇〇〇人という数は今後、さらに増えていくと見られている。

二〇三〇年の段階で単身世帯は日本全体の四〇％近くを占めると予想され、そのうち高齢者の単身世帯は特に顕著となる。また、結婚しない、いわゆる「おひとりさま」と呼ばれる人々も増える。五〇歳の時点で一度も結婚したことのない人の割合（生涯未婚率）は急速に増えると予想される。

ビジネスを展開している企業の視点に立てば、マーケットは確実に、そして急速に変化していく。そのなかで、生活者を支える小売などの流通業界は、今後さらに顕著になるだろう日本社会の変化に対応した事業展開を考えていかなければならない。小売業の仕事は、ただモノを仕入れて販売するという、従来のスタイルだけではなく、生活全般をサポートするスタイルに変わっていく可能性がある。

日本社会は人間関係が希薄になっているといわれるが、さらに高齢化、過疎化なども同時進行している。その結果、かつてならご近所、友人、家族間で助け合っていた身の回りの作業も、不自由になっている場合が増えている。小売業のなかには、そこに着目し、ちょっとした生活の不便さを解決するサービスを提供している企業もある。

ホームセンター大手のカインズが提供しているのは「スマイルサービス」だ。二〇〇七年、群馬県伊勢崎市に出店した「伊勢崎店」で新たなサービスとしてスタートさせた（『月刊販売革新』二〇一二年五月号）。このサービスは、電球交換やカラーボックスの組み立てなどを、自宅まで行って作業を代行するもの。昔なら近所の電器店、家具店などが行っていた機能を取り入れたものである。有料ではあるが、力の弱い高齢者、高い場所に上るのが苦手な女性らにとっては心強いサービスになっている。

地域において〝無縁〟を〝有縁〟にすべく人々を結びつけるという役割を意識する——我々が提言する集いの館だけでなく、二〇五〇年の生活者向けビジネスの方向性はこうなるはずだ。

集いの館には毎朝、開店を心待ちにして続々と人々が訪ねてくる。物販スペースをぐるっと回遊するだけでなにも買わない人、夕方、必ず総菜売場へ立ち寄り、少量パックの商品を買っていく人、フリースペースで静かにお茶を飲みながら子どもが遊ぶ姿を見ている人、いつもあいさつするスタッフや顔見知りの人々に会うことを期待して来る人……。集いの館を心のよりどころとして生活している人々を、さりげなくサポートしたい。

また、集いの館は標準的な売り場と効率的な店舗運営で規模の拡大を追求するチェーンストアとは違う存在（地縁ストア）であり、幅広いネットワークを持つのが特徴だ。地域に縁や絆をつくるという視点を持てば、新たなサービス、店づくりのヒントも浮かぶはず。そうした視点で集いの館のビジネスモデル（業態）確立を図りたい。

【参考文献】

ＮＨＫ「無縁社会プロジェクト」取材班（二〇一〇）『無縁社会——〝無縁死〟三万二千人の衝撃』文藝春秋
経済産業省（二〇一五年三月二五日）「コンビニエンスストアの経済・社会的役割に関する調査報告書」
佐藤優（監修）（二〇一四）『二〇五〇年の日本列島大予測——三六年後のニッポンを知れば二〇一四年がわかる』晋遊

舎ムック
ファミリーマート(二〇一二年五月二三日)ニュースリリース
ポーター、マイケル・E(二〇一一)「経済的価値と社会的価値を同時実現する共通価値の戦略」『DIAMOND ハーバード・ビジネス・レビュー』六月号
増田寛也(編者)(二〇一四)『地方消滅――東京一極集中が招く人口急減』中央公論新社
三浦展(二〇一二)『第四の消費――つながりを生み出す社会へ』朝日新聞出版
三浦展(二〇一三)『データでわかる二〇三〇年の日本』洋泉社
ローソン(二〇一五年四月三日)ニュースリリース
『朝日新聞』(二〇一三年七月一日)「北山に初コンビニ　村営「じゃばら屋」三日オープン　住民・観光客、便利に」和歌山県／朝刊
『朝日新聞』(二〇一五年四月七日)「コンビニ、介護・健康に商機　相談窓口・血液検査・弁当を宅配」朝刊
『月刊激流』(二〇一一年四月号)「特集　買い物弱者支援・社会性と収益性の狭間／身近な場所に「店を作ろう」／山崎製パン(Yショップ)／三方一両得を生んだ農業と商業の組み合わせ」
『月刊激流』(二〇一五年二月号)「ドラッグストア最前線レポート／スギ薬局／医療や介護の質を追求する新業態店を開発」
『月刊販売革新』(二〇一二年五月号)「HC　ホームセンター　次の成長カテゴリーを探せ　出張サービス　カインズ物販に付随するサービスを事業部として独立」
『ダイヤモンド・チェーンストア』ダイヤモンド・フリードマン社
『中日新聞』(二〇一四年二月三日)「ニュース追跡　過疎地の村営コンビニ　高齢者支えるインフラ」三重版／朝刊
『日刊ドラッグストア』(二〇一四年三月六日号)「JACDS　介護情報提供員認定制度の定着を　高齢社会でドラッグストアの信頼性を向上」
『日経MJ』(二〇一一年一一月二八日)「国分とヤマトのネット卸――機能融合「仕入れ難民」解消(底流を読む)」

『日経MJ』(二〇一三年二月一日)「クロネコ、商社になる——ネットスーパー・個店向け卸支援(サービス力物流で磨く)」
『日経MJ』(二〇一五年三月二日)「介護最前線特集——増えるシニア、明るく暮らす、ドラッグ店が地域ケア、通所施設や情報窓口」
『日経MJ』(二〇一五年四月一〇日)「「コンビニへの期待高い」ローソン社長、介護支援の新店舗」
『日本経済新聞』(二〇一五年三月二五日)「学研HD、子供とふれあう高齢者住宅完成」朝刊
『日本経済新聞』(二〇一五年四月四日)「コンビニ、高齢者に照準、ローソンがケアマネ常駐店を開設、ファミマはドラッグ店一体型」朝刊
『FujiSankei Business』(二〇一二年九月五日)「山崎製パン、JA全農と提携　農協一〇〇店超　小型コンビニ化」産経新聞社

座談会

「連帯」の構想——超高齢社会を生き抜くために

神野直彦
若林靖永
樋口恵子

人口減少、恐るるに足らず

若林　今日は神野直彦先生に、私たちがまとめた提言「二〇五〇年　超高齢社会のコミュニティ構想」を講評していただきたいと思っております。

もちろん、この提言は万能の処方箋ではありません。私としては、テストを受けるような気持ちです（笑）。私たちへの注文やご質問があれば、ぜひおっしゃっていただきたいです。

最近、「プライズ——秘密と嘘がくれたもの」という二〇一一年の映画を見る機会がありました。日本ではあまり広く知られていないかもしれません。この映画はアルゼンチンの一九七〇年代の軍政時代が舞台で、主人公は七歳の女の子です。映画を見て、社会的に排除されるとはこういうことなのかと衝撃を受けました。

主人公の七歳の女の子は、好奇心旺盛でいろいろなことに関心を持って率直に物事を見ているのですが、軍政下なので母親も学校の先生も、それをまともに受け止めてくれない。結局、誰も彼女の言うことを真面目に受け止めないのです。映画のラストは海辺に向かって彼女の悲痛な泣き声だけが響き渡る。とにかく重い映画でした。

私たちがまとめた提言は、人口が縮小して高齢化どころか超高齢社会になる、九〇歳、一〇〇歳の長寿の人たちが増えていくことを与件にしています。それを放置すると、多くの高齢者、多くの地域の住民が、誰にも関心を持ってもらえない、どこにも自分の居場所がないという、社会的排除が起こってしまう。

深刻な社会的排除を打開するにはどうしたらいいか。そのために小学校区単位で、地域住民全体を巻き込むしかないと考えました。

今は、「買い物難民」の高齢者対策で、夕食の宅配、移動販売車などが導入されつつあります。しかしこれはあくまでも消費者として高齢者を捉えているにすぎず、社会的排除の解決にはつながっていない。高齢者自身が、地域や社会に対して関心を持たないし、地域や社会からも関心を持たれない。関心が欠如し、参画をする場、自分の居場所を持たないという問題は、単に消費者としてのニーズに応えるというだけでは解決することはできず、地域住民、市民、主権者として、つまり社会の一員として、自ら誇りを持ち、価値ある存在として活躍できる場をつくる必要があります。

逆に言うと、高齢者をマンパワーとして使って、地域の問題を打開していくプラットフォームを小学校区単位でつくっていくという発想が生まれてきます。そのとき、生活協同組合（生協）のような地域に密着した非営利組織が行政や学校や民間企業などと連携して、高齢者の居場所、活躍できる場をつくる。

雇用するとコストが高くなり、採算が取れません。ですから、高齢者が経営をするというか、高齢者が高齢者のためにサービスを提供し、同時に、児童生徒、幼児のサポートもしてもらう。

地域のさまざまな人々が集まって参画する場を用意し、そこで互いに関心を持ち合い、そこを拠点に地域を再生する——私たちの提言を簡単にまとめると以上のようになります。

早ければ二〇二〇年までにはプロトタイプをつくり、二〇五〇年には日本全国でフル稼働している、というのが理想です。

生協以外の民間の事業者、また市町村、都道府県、国も同じような問題意識を持って、さまざまなプランに基づいて行動し始めていますから、私たちの提言がそこに一石を投じることになれば、と考えています。

神野 ご説明ありがとうございます。そうすると、この時代をどう捉えるかが問われてくると思います。客観的事実として、確かに人口が減少していますが、よく分からないのは、なぜ皆がそれを心配しているのかということなんです。

ジョン・スチュアート・ミルの『経済学原理』(全四巻、一八四八年)は、偉大な書物だと思います。第一—第三巻で静態分析を行い、第四巻では動態分析、つまり時間を入れた分析を行っています。その第六章が「停止状態」です。この章では、工業化が行きつくところまで行くと、いずれ人口と資本の停止状態がやってくる、と説かれています。これは今で言う「定常状態」ですね。

樋口 工業化は脱工業化と人口停止に行きつくということですか。

神野 はい。人口停止が必ずしも人間的進歩の停止を意味するものでないということは、改めて言うまでもありません。停止状態においても、あらゆる種類の精神的文化や道徳的、社会的進歩のための余地がある。人口停止状態では、人間の心が立身栄達の目的に奪われることがなくなります。

これに対し、技術革新による成果と工業社会の果実は、人口の爆発に集約されます。いま増田寛也さんの『地方消滅——東京一極集中が招く人口急減』（中央公論新社、二〇一四年）が話題です。どこの国でもそうなのですが、工業化すると人口爆発が起こる。日本で言うと、明治維新から工業化が始まり、人口が激増しています。工業化によって生産性が上がりますので、それで増加した人口を養うことができたわけです。ところが人口停止状態になると、今度は量的な人口の増加ではなく質的な充実が目的となる、というのがミルの考えです。

私は、日本は人口の停止状態になっていくのだから、いよいよ人間的な生活ができるようになるので、それを可能にする政策を実施していくべきだと考えています。

たとえば、子どもを安心して産み育て、しかも子どもたちがのびのびと自然の中で成長することができる社会を築く条件がいよいよ整った。ですが、政治家や官僚にはその意識がありません。

樋口　それよりも経済中心の考え方でしょう。

神野　いずれにしても、人口減少社会になったので人口を増やさなくてはならないのではなく、人口減少社会になったので、いよいよ本当に人間的な社会をつくる方向に舵を切っていかなくてはならない。いまが転機なんです。人口の減少にうろたえることなく、希望と楽観主義を携えて、この時代の転換点を越えていくべきだろうと思っています。

また、これは意識的か無意識的かは分からないのですが、このまま人口が増加していけば自然が持たないと、人間が感知しているのではないでしょうか。環境容量というものがあるわけで、ネズミも集団自殺をすることがあります。

樋口　そんなお話を聞いたことがあります。

神野　日本の環境容量、つまり、人間が一定の環境条件の下で生存できる条件の限界は七〇〇〇万人だと言われています。ですから何も恐れる必要はなくて、人間的な社会を着実に一歩一歩つくっていけばいいのです。人間も地球もいつか滅びるかもしれないけれども、私たち人間の歴史は、歴史が終わる最後の瞬間まで、人間的な社会をつくる使命を果たすことの積み重ねだと思います。

現在の市場社会では、労働、土地などの生産要素という、人間が作りだしたのではないものを取引する市場が成立しています。つまり、市場を通じて生産を行うのであり、古典派の考えでは、賃金は生存水準で決まります。もしもその水準よりも賃金が高くなれば出生率は上がり、人口が増える。逆に、賃金が減ると人口は少なくなるので、当然、賃金が上がり、また戻る。ところが、市場に任せておくと、貧困、格差、社会問題が発生するので、私たちは「大きな政府」をつくり、政府の任務として、単に市場の秩序を維持するだけではなく、国民あるいは社会の構成員の生活を維持することを付け加えた。これが「大きな政府」です。

社会における自助と他助

神野　問題は、この大きな政府による福祉国家が限界にきたときの対応です。日本はそのとき、国家を小さくして市場を拡大する政策をとりました。

現代の市場社会では、人間は三つの領域に参加しています。経済システムという市場原理の領域と、生活が営まれる家族や共同体の領域と、公の領域です。市場社会では社会の全構成員が非統治者であると同時に統治者であり、デモス(民衆)がクラシー(権力)を持っている。つまり民主主義の社会なのです。

私は、市場と政府はすでに拡大してきたので、次はmore society、つまり社会を大きくするべきだと考えています。そのとき、社会の中身は二つあって、一つはインフォーマルセクターです。つまり、家族、コミュニティなど集まることを目的として人間がつくりあげてきた組織です。もう一つは、ボランタリーセクター、言い換えると自発的組織です。これには、グループをつくった仲間だけで助け合うのか（自助）、仲間をつくって仲間の外の人々を助けるのか（他助）の違いがあります。

若林　その意味では、協同組合は本来、自助であり、共助でもあります。自分のために共同するのが協同組合の原理だと思います。

神野　そうですね。しかし、市場は社会の中のインフォーマルセクターを壊していくんです。共同体がどんどん小さくなり、今、最後の共同体として残っているのは家族です。しかも家族も縮小し、機能を喪失しつつありますので、その機能を他の社会システムが肩代わりしようとするなら、ボランタリーセクターを大きくしていくしかないのではないでしょうか。ボランタリーセクターを大きくし、機能させていきながら、この歴史の峠を越えて、新しい社会システムをつくっていくことが重要だと思います。

宇沢弘文先生はボランタリーセクターではなく、「コモンズ」という概念を主張していました。宇沢先生はコミュニティではなく、共有地、ないしは共有地の上にできあがっている組織としてのコモンズを考えていた。

医療、教育などを、宇沢先生は社会的共通資本と捉えるわけですけれども、これはコモンズで運営されなければならないと考えていた。医療行為、教育行為は共同体の中で営まれていましたが、早くから専門化しました。専門集団に委ねられるために、共同体の中で無償労働で担われることはなくなる。とはいえ、共同体の中で営まれてきた社会的共通資本だと捉えると、これらの行為はサービスの提供と消費ではなく、共同作業になる。

音楽もCD等を購入して聴くならば、市場原理に即しているわけですが、生の演奏を聴くときには、演奏者と聴衆とが一体になってつくりあげる芸術になります。そこには共同体が形成されています。その意味では、医療は癒しの共同体をつくることであって、これは医者と患者の共同作業です。教育も、教える専門家と、教えられる人間が、サービスをやりとりするのではなく、共同体を形成することなんです。

そういうもの／ことを運営するのがコモンズだと考えると、宇沢先生の考えがよく理解できます。しかし、現在の政策では、一方で「人口のダム」をつくると言いながら、他方で小規模多機能の地域社会をつくろうとしている。今回の提言にあるような小学校区かどうかは別にして、小規模多機能で、人間の包括的な生活機能を、ある一つの人間関係の中で完結できるような「生活細胞」をつくり、その集合として地域、市町村、都道府県をつくり、それらの有機的な集合体が国になる、と構想すべきです。

樋口 でも自発的でなければ、うまく行くとは思えません。

神野 今は中学校区単位で地域包括支援センターが作られていますが、そういう画一的な方法ではなく、人間が自発的に仲間をつくり協力し合っていかなければ……。地域包括支援センターでも、実際に機能しているところは、既存の自発的組織である農協、生協、労働組合などが一定の役割を果たしている。

以前、連合の評価報告書でも書いたのですが、日本はスウェーデンと違って、労働組合と生協が共同事業をしない。「やれ」と言っても全然やる気がない。日本は、さまざまな協同組合が自発的に協働できないんですね。

ボランティア組織や日本で言うＮＰＯ、アソシアシオン(association)というものは、そもそも労働組合と協同組合が手を携えてつくるものです。ですから、今回の提言のように、生協が、さまざまな組織と提携して地域社会を支える仕組みをつくるというアイディアはとても重要だと思います。

若林　私たちの提言は、地域社会において社会的排除をなくしていくことも目指しています。

神野　ただ、自発的に集団をつくる場合には排除も起こり得ます。たとえば、スウェーデンはプロテスタントの国なので、プロテスタントの教会に入っていない人は社会的「隙間」に陥りがちです。ムスリムはムスリムで集まることもできるでしょう。ですが、隙間に陥った人に責任を持つのは政府の役割だと思います。

とはいえ、はたして日本人は自発的に協力できるでしょうか。「ニワトリが先か卵が先か」という問題ですが、共同作業をしなければ協働しようという発想も生まれてこないと思います。お説教だけではだめなんですよ。

島根県の雲南市の例がおもしろいんです。一つの生活機能が完結する小さなエリア内で、カラオケクラブから何から、さまざまな活動をしながら人間的な生活を営める、つまり包括的な機能を満たすような地域づくりを進めています。生協、労働組合、農協等のさまざまなボランタリーセクターがコミュニティを支えなければ、次の社会は難しいのではないでしょうか。

女性は国家にねらわれている

若林　提言の講評から発展して、文明論も視野に入れた射程の広いお話をありがとうございました。樋口先生は今のお話をどう思われましたか。

樋口　神野先生が冒頭におっしゃった人口の問題ですが、もしかしたら日本はかなり特殊な国かもしれない。国連の人口政策は終始一貫しています。つまり、女性の地位を向上させよ、女性の教育を高めよ、そうすれば必ず出生率は下がる、というものです。これまで日本は、女性の教育水準を上げ、人口爆発を防ぎ、その点では成功し、貢献してきたわけです。地球の一七億で始まった二〇世紀の爆発的な人口増加は、今七〇億ぐらいまで来ていますが、二一世紀に入ってからの増加率は抑制的になってきました。つまり、国連の政策と女性の願いとが一致してきているのです。

その意味で言うと、日本の為政者たちの今どき型「産めよ殖やせよ」という政策は世界の趨勢にも逆行しているのではないですか。たしかに今の低出生率は女性自身の生きにくさのあらわれでもありますから、産みたい人が産める条件整備はしてほしい。でも人口を「一億人」とか出生率を「一・八」とか目標値を決めるなんて。クルマの生産目標とはわけが違います。

明治維新直後の日本の人口は三六〇〇万人くらいでしたし、福沢諭吉の明治三〇年代頃までの著作には、「我ら同朋四〇〇〇万」と書かれています。私などは戦争中の子どもですから、「一億一心」と言われて、そんな標語のポスターを描いたこともありました。ですが、後で考えてみたら、その一億というのは、朝鮮半島、台湾、パラオ諸島の住民まで含めての数字です。しかも正確には九千数百万人。一九五二(昭和二七)年に講和条約が発効したときの北海道、本州、四国、九州の日本の人口は七八〇〇万でした。

神野　そうです。そのときの人口が最適規模だったのです。

樋口　当時は政府も社会人口増加を恐れていました。戦後間もない片山内閣(一九四七年)を端緒とし、一九五五年正式に発足した新生活運動は「上から」ではありますが、生活の近代化を目指して、農村、企業、地域に広がりました。その一つに「家族計画」が入り、現実には多子抑制策、企業の家族手当抑制策でもあったと言われます。この少子化対策、つまり大勢産まないようにする政策が昭和三〇年代いっぱいとられていたことも忘れてはならないと思います。

ただ、私は最近の低出生率は、第一に、女性が仕事と子育てを両立できないような労働条件が放置された結果だと思っています。第二に、今の五〇代から急激に婚姻率が下がっています。婚姻率が下がれば出生率も下がります。これも、その親にあたるわれわれ世代が高度経済成長の豊かさに浮かれて、男と女でつくる家庭というものの喜びを「見える化」して子ども世代に示すことができなかったためではないでしょうか。ワーク・ライフ・バランスというけれど、今の人にはライフの充実がどういうことなのか分からない。内心忸怩たるものがあります。

若林　本当にそうですね。人口規模が縮小すること自体が悪だとは思わないけれど、縮小し続ける状態は危機的で、どこかで安定してほしい。

神野　その「危機的」というのは、どういう意味においてなのですか。

若林　人口規模が縮小しているのは、安心して子どもを産みたいという国民一人ひとりの期待を満たしていないことの表れではないでしょうか。

神野　人口の問題として考えてはいけないのではないでしょうか。フランスに調査に行ったとき、人口政策の責任者と言われている女性にインタビューしたところ、「わがフランスは人口を増やす施策など打ったことがない。あなたが言っていることは貧困対策であり、社会保障政策だ。一人の女性が子どもを産むか産まないかに国家が介入するなどあり得ない」と批判されました。

樋口　もちろん当事者が幸せになることが大前提です。

若林　その結果として人口が増えるということですか。

神野　そういうことですよね。いずれにしても、手段と目的を逆転させてはならない。問題は、人間はいつ人口になったのかということです。人間は人口じゃないんです。人口は、重商主義者がつくりだした言葉です。

樋口　人口政策の「対象」とされがちな女性の言い分を聞いてください。一九九四年のカイロ国際人口開発会議に私を含め三人がNPOから代表団に参加しました。そのとき、堂本暁子さん（当時参議院議員）や女性グループと協力して、「人口から個人へ」「統計から人間へ」「対象」から「主体」へ」というスローガンをつくりました。要するに、「数字から女性へ」ということです。そのスローガンをカイロで発表しました。

神野　そうです。人口という言葉は、人間を没個性的に捉えるものですよね。それが結局、人間を手段と見なす社会につながっていったのです。兵力、労働力等々をコントロールしようとし始めるとき、人間は人口になるんです。

樋口　そうですね。でも私は、そうした人口構造が女性個人の人生をはじめ、この社会を映し出しているのも事実だと思います。

女性の地位が上がってきたのは、一面で少子化のおかげです。子どもが大勢だったら、男の子が優先され、女の子は高等教育を受けられなかったかもしれません。

戦後、女性の地位がある程度上がったおかげで結婚における女性の選択肢が増えました。女性が産まなくなって労働力が不足したおかげで、安倍内閣も「女性の活躍推進」と言いだした。私は、少子化は女性の一種のストライキだと思っています。

神野 人口問題が問題になったのは、今が初めてではありません。一九三八年に厚生省ができたとき、人口増加率が鈍化しています。危機感を持った厚生省は、一九三九年に「結婚十訓」を出します。そこで「産めよ殖やせよ国の為」と謳われているんです。

一九四一年一二月に太平洋戦争が開戦しますが、同年一月には、企画院が策定した人口政策確立要綱が閣議決定されています。そこでは人口の目標が一億人と示されて、一九六〇年に一億人にすることが目指されます。多産奨励と女性の勤労動員という矛盾した政策が並行して進められていきます。

それから独身婦人連盟の大久保さわ子さんによると(『ジュリスト』第三三号、一九八三年)、男は二五歳、女は二〇歳で結婚して、結婚資金は貸し付けて、五人産めば返済無用、その一方、三〇歳以上の独身者と子無しには税金をかける。加えて、京都帝国大学の汐見三郎教授が、「とに角若い者は良縁があり次第結婚するんですね。変な理想や見栄に捉われてると、高い税金を課せられますよ」と脅している。

その一方で、勤労奉仕の要義務者として、女性たちは職場で学校で地域で「報国隊員」として働かされる。

つまり、人口が問題になってくると、いつも女性がターゲットになり、「産めよ殖やせよ」と「女性の活躍」になる。今の日本では戦中とまったく同じ政策が打たれているわけです。この道はいつか来た道なんですよね。

樋口　今の政府がやろうとしている政策は、神野先生が批判されるとおりです。一方で、人口構成というものが、国民の一種の選択の結果でもあるならば、私たちは二〇五〇年の人口構成を見据えて、新しい暮らし方のモデルを提案してみたわけです。

自治体は消滅するのか

若林　従来は、ストックを無視して、どんどん壊しては新しいものをつくる、ということばかりが行われてきました。住宅をリノベーションして一〇〇年持つようにするなど、手持ちのストックをいかに上手に長く使うかという発想がない。首都圏では相変わらず、つくっては壊し、つくっては壊しが行われ続けていますが、それは持続可能な社会経済システムではありません。ですから、私たちは小学校区ごとに、既存のストックを活用して「集いの館」というプラットフォームをつくろうという、システム転換の議論を行ってきました。

神野　それはいいのですが、人口減少と結び付けなくてもいいのではないですか。

若林　人口を増やすことを目指しているわけではありません。むしろ高齢者が激増するという現実に対処するための議論です。

神野　私が『システム改革の政治経済学』（岩波書店、一九九八年）を書いたときには、政府は、二〇五〇年には従属人口がとんでもなく増える、と脅していました。一五―六五歳の生産年齢人口に対して、それ以外の従属人口の比率が激増する、というんです。ですが、私はこの本で、それなら、数百年単位で遡って人口の変動を見てみろと批判しました。従属人口の比率は変動して、また過去の状態に戻るだけなのです。

というよりも、二〇世紀が異常なのです。二〇世紀の従属人口比率が異常に低いという状態は、異常な人口爆発がもたらした。ヨーロッパでは、これは異常だから、いずれ近代以前の長期的なトレンドに戻るという予測もありますが、人口予測は当たらないんです。人口予測は今まで当たっていません。だから、今回も私は当たらないと思います。

樋口　二〇五〇年はどうなっているでしょうか。

神野　分からないですね。社会心理学で言う「予言の自己成就」のように、人口が大幅に減るかもしれない。しかし、人類全体として人口爆発するので、どうなるか分からない。

もう一つ重要な点は、日本の地域間構造が脅かされているということです。消滅自治体の問題です。

ヨーロッパでは工業化によって人口が爆発しましたので、工業化は都市化と同じことです。つまり、農業社会の時代には農村に人口が集まったけれども、工業社会になって工業が都市に立地されると、農村から都市へという人口の移動が起こります。これが都市化です。

ところがヨーロッパでは、一九七三年の石油ショックで人々が工業化の限界に気づき、脱工業化の方向に舵を切りました。そうすると、逆都市化現象が起こり始めた。つまり、都市から農村への人口移動が始まったのです。

ジェットコースターを上ると下るときには反対の現象が起こると普通考えられますが、日本では、下りるときも同じように都市化が進むと予測されています。島根県海士町のように人口が流入している自治体、鹿児島県伊仙町のように出生率が上昇している自治体ですら消滅すると言われています。

なぜこのように予測されるのでしょうか。逆都市化現象が日本でも起こり始めているのに、これは長期的な傾向かどうか分からないからと、統計が操作されているんです。しかし、人間の歴史は抗しがたい運命に基づいているというのなら、その必然とは何か。「予言の自己成就」で、未来はこうなると確信すればするほど、その方向に進んでしまいます。「消滅自治体」と言われると住民がオロオロしてしまい、「ええっ、ここは消滅？ じゃあ頑張ってもしようがない。早いところ逃げよう」というわけです。

樋口 たとえば、埼玉県の北本市も指定されていますね。

神野 はい。東京近郊の北本市でさえ、一時的に人口が流入したので、どうしても高齢化が進みます。そのため「消滅自治体」に指定されると、若い人たちが「先の見通しなし」と流出してしまいます。

これに対して、今は「人口のダム」をつくって、逃れてきた人々をそこで押し止めようとする対策が取られていますが、それではたして止まるでしょうか。二〇五〇研究会が提言しているように、人間の生活は、ある生活細胞のようなエリア内で人々の絆に支えられて成り立っています。

つまり、ある凝集力が働いて初めて、人間は一つの所に止まっているんです。ですから「人口のダム」では人間の生活は成り立たない。元々住んでいた自治体での、生活機能を完結できるような凝集力、人間と人間との関係を壊しておいて、まるで人間を砂のようにアトム化しておいて、それを集めようとしているわけですよね。集めて、人口が流出をしないようにダムをつくる。それは人間同士の接着剤なしにつくるようなダムでしょう。すぐ決壊しますよね。

樋口 限界集落になると言われている自治体が、現実にはそう簡単に限界に到達しないのと同じですね。

増田寛也さんたちの日本創成会議・人口減少

問題検討分科会では、二〇代から三九歳までの女性の人口流出率を一つのメルクマールとしています。そこで、第二章でも書きましたが、増田さんの分類を借りて、女性議員の比率を比較してみました。つまり、自治体の女性の人口流出率五〇％以上、未満、その中でも大規模、中規模と分けていったら、女性議員の比率がダブルスコアで違うことがわかりました。つまり、女性の流出率の高い町村の議会で、女性がゼロのところは、ほぼ半分にのぼります。

何も議員数だけが女性の地位向上のメルクマールとは言いません。ですが、立候補そのものが「女だてらに」と言われてしまうような自治体で、立候補して、支持を訴えて選挙を勝ち抜き、議会にたどり着く。そして、女性議員が男性議員と丁々発止する風景がある地域と、そんなことは考えられない地域とでは、女性の生きやすさが違います。こういうことが、無視されすぎだと思います。

都市化か逆都市化か

神野　地方から三大都市圏に人々が流入していったのは高度成長期です。ここで重要な点は、貧しい者が都市に出て行っているということです。移動によって地域間の所得バランスが平準化していった。働き口のある都会に出て行くのですから、当然、所得も上がっていきます。

その後、一九七三年から、いわば逆都市化に近い現象が起きる、つまり、地方からの流出が止まる。逆に、地方のほうに流入する現象まで起きてくる。

ところが、一九八五年からまたひと山来ます。これはバブルです。バブルが崩壊するとまた元に戻る。

二〇〇〇年頃からまたひと山来ている。これは、高度成長期とは規模が違います。もう一つ違うのは、豊かな者が地方から首都圏に移動しているということです。

かつて私は日産自動車で労務管理をやったことがあるのですが、高度成長期には地方出身の若い社員のために独身寮をつくらなければならなかった。今はそういうことはしません。

つまり、今来ている山というのは、工場が海外に出て行ったことによって生じています。地方にあった工場が海外に出て行くと、日本国内に残る仕事は企画、管理、研究など、知識産業的機能に集中します。そうすると、大企業は地方支社、出張所等を閉めて、東京に集めてしまう。大企業の地方支社に勤めていた人は、その地方では豊かな人ですから、そういう人が首都圏に移動してきた結果として、先ほどの山が生じている。

それからもう一つは、地方に本社がある力のある企業は、グローバル化に対応するために、東京の支社機能を強めてしまうんです。そうすると、ここでもやはり所得の高い人が東京に移動する。そのため、特に関西の経済が停滞しています。こうして格差が拡大する。

ただ、高度成長期も今も、大学進学のために東京に出てくるという移動のパターンがありますが、これも止まり始めています。たとえば、東大の周りでも部屋を借りるのに最低八万円かかります。親は田畑でも売らないと、子どもを東京の大学に通わせるのは無理です。

樋口　それで大学進学の地元志向が強まっているのでしょうか。

神野　リクルートの調査によると、二〇〇九年に「地元に残りたい」と回答した高校生が三九％だったのが、二〇一一年四六・一％、二〇一三年四八・七％とどんどん増えています(http://souken.shingakunet.com/research/2013sennsasu2.pdf)。

次に内閣府の青年の意識調査を見てみましょう。「将来もずっと今の地域(市町村)に住んでいたい」という人の割合を国際比較すると、日本はあまり高いとは言えません。ですが、時系列でみると、第七回は三三・二%だったのが、第八回は四三・五%に上昇しています(http://www8.cao.go.jp/youth/kenkyu/worldyouth8/html/2-4-1.html#3)。

そこで問われるのが、地元に仕事があるかどうかです。

失業率を見ると(「労働力調査」二〇一二年版)、失業率が一番高いのは沖縄県の六・八、二位は大阪府の五・四、以下、青森県、北海道、福岡県、宮城県、京都府、兵庫県、東京都、埼玉県、神奈川県と続きます。沖縄県さらに青森県、北海道は例外として、失業率が高いのは大都市です。逆に、最も低いのは島根県で、続いて福井県、富山県と、地方では失業率が低い。

自立と連帯

神野　ここから何が言えるのか。脱工業化社会では、「集いの館」のようなフェイス・トゥ・フェイスの関係が重要になってきます。大量生産、大量消費では地球はもたない、そこで、ヒト、モノを動かさず、情報を動かそうというのが知識社会です。つまり情報化によって情報は一瞬のうちにどこでも手に入れることができる。そうなると、むしろ直接的な人間関係が重要になり、人間は地域社会に定住し、そこでの結びつきが強まっていく。

ところが日本では、情報とともにヒトとモノも移動してしまい、地域社会でのフェイス・トゥ・フェイスの関係が軽視されている。今では携帯電話で話すことすらなく、メールで一方的に用件を送りつけるだけです。

しかし、たとえばスウェーデンでは、その地域で買えないものは、注文すれば郵便局員が配達してくれる。ところが、ショッピングセンターがつくられたら地元の商店街が成り立たなくなるから、そういうものはつくらない。商店街が消えて一番困るのは地元住民ですからね。

また、フランスでは、農協と生協がコミュニティをベースにビジネスを展開しています。地域で生産されたものを地域で販売する。その地域で完結するわけです。これは日本の地産地消運動を真似たのだそうです。

若林　もっと言うと、経済システムは社会システムの一部ですから、生協と農協が連携するにしても、新しい社会システムをつくるというビジョンを持っているかどうかが大切です。消費者によい品質のものを提供するということに止まらず、何のための産直かをめぐる議論が必要です。日本の生協では、新しい社会システムをつくるというビジョンが弱い。その点を見据えるだけで、同じ事柄であっても意味合い、展望がものすごく変わってきます。

神野　なぜフランスで生協と農協が協働するのかと言えば、それは「solidarité（連帯）」のためです。スウェーデンの人も「連帯」のためだと言うでしょう。ですが、日本人には連帯というものが分からない。

樋口　連帯は左翼の言葉だと思われているのではないでしょうか。

神野　そうですね。フランスは、実は世界で一番社会保障負担が高いのです。そこで、日仏協会がフランスの社会保障事情をテーマとするシンポジウムを行ったのですが、フランス側からは企業の経営者が出てきて、「フランス国民は働くことと生活をすることが両立しないと納得しない」と発言した。

その経営者は、労働者に働くことだけを命じていたら、優秀な人材は集まらず、国際競争に負けると言うんです。

若林　シンガポールに派遣されたマイクロソフトの社員も同趣旨のことをブログに書いていました。とにかく納期に間に合わせるために残業をさせたら、「今回は仕方がないから認めるけれども、こんなことを続けるなら会社を辞める」と言う部下が多いのだそうです。ですから、残業を命じることができない。

神野　そうなんですよ。そのフランスの経営者が言うように、労働者の働く条件だけではなく、どうやって家庭で幸福な生活を送ることができるかに配慮しないと、優秀な人材は集まらない。

そうすると、日本人は混乱して、「フランス国民はステイティズム（statism）で、国家を信頼しているからなのでは」などと口走ってしまう。これに対して、「フランス国民ぐらい個人主義的な国民はいません。国家など信用していませんよ」と切り返される。「solidarité」のために、経営者は労働者に配慮するということが、日本人には分からない。

若林　これは、宇沢弘文先生が、コミュニティではなくてコモンズを重視したこととも関係するのでしょうか。

神野　歴史的に見ると、共同体は、生存のために個を抑制し、制限して、個をその共同体に従属させる存在でした。共同体に個は従属し、共同体は個を「保護」してきた。今日生きるために、無理にでも協力する。村落共同体であれ、会社共同体であれ、滅私奉公的に個を動員してきた。共同体というものは、個が連帯することの対局にあると思います。

ところが、コモンズでは、個が自発的に結集でき、尊重される場や資本をどう管理するかが問われます。コミュニティよりも合理的なイメージを持つことができます。

ですから、コモンズかコミュニティかは大切ではないでしょうか。私たちが次の社会を考える際に、コミュニティを議論の中心にするなら、それを越えた連帯というものを考えないといけない。

神野　スウェーデンでは、個人は自立すれば自立するほど連帯すると考えられています。私が東大で講座を引き継いだ大内兵衛先生も、「人間は自立すれば自立するほど連帯する」と書いています。

日本では、自立というと新自由主義と理解されてしまう。ですが、それは違う。自立すれば自立するほど連帯するんです。

スウェーデンには民主主義を活性化させるための省庁があります。そこの責任者は、「スウェーデン国民には公の問題に関心を持ってもらいたい。民主主義は選挙のときだけ投票権を行使するのでは活性化しない。民主主義を活性化するには、共同の問題にいつも関心を持ち、解決しようと努力することが必要で、そのため、国民には少なくとも一つのアソシエーションに入ってもらいたい。ただし、自発的であることが重要なので、強制はしない」と語りました。

ところが、調査すると、スウェーデンの人は一人平均三つ入っています。生協、労働組合、あと一つはジェンダー、環境、青少年の教育問題などに取り組むアソシエーションに入っています。政府は、最初に芽が出てくる段階ではいっさい介入しないけれども、伸ばすべき活動には補助金を出したり、宝くじを発行する権利を与えたりする。そうやってその活動をサポートします。ちなみに日本はそうではなく、必ず補助金で釣る。

それから、スウェーデンには local development group という自発的グループが三〇〇〇ほどあります。市町村よりももっと小さな単位でつくられていて、その地域の問題を自分たちで解決しながら地域の発展を担っています。しかも、高齢者同士の友情支援サービスを提供するアソシエーションもある。たとえば、市役所の中に友情支援サービスを担当するおじいさんが一人いて、お年寄り同士をメールを使ってペアにするんです。ペアにすると言っても、毎日、時間を決めてお茶を飲むといった習慣をつくるんです。それでもし相手が来なかったら、何か異常が起きたということなので、すぐに支援に行く。

年金をどう考えるか

神野　また、スウェーデンでは、定年になったら労働市場で働いてはいけないけれども、まだまだ能力があるので、ボランタリーに労働市場外で働くんです。そういうお年寄りにインタビューすると、「私は今が一番生きがいを感じている。金のためではなく、使命のために働いているっていう充実感があるんだ」と言うんです。

日本とヨーロッパでは年金の考え方がまったく違っています。ヨーロッパの年金は、要するに「労働市場から出て行ってくれ」というお金なんです。ヨーロッパは労働組合の力が強く、先任権がありますから、雇用期間の短い人から首を切られていきます。ですから、当然若い人の失業率は高くなる。たとえばスペインでは四〇%ほどです。したがって、不況になると、若者たちは、年金の開始年齢を引き下げて、われわれに職を譲れと運動します。

日本では逆に、不況になると、年金支給開始年齢がどんどん引き上げられて、働き続けることになるわけです。自分自身のことを考えると六五歳が限界ではないかと思うのですが、七〇歳まで働かせようとする動きがある。私は、六五歳あたりで労働市場から退出させて、ボランティアをやってもらえばいいと思っています。

ちなみにスウェーデンでは、若い人はボランティアで働くことはできません。日中は仕事をし、夜は家族と愛情を育む時間です。したがって、ボランティアで働く時間はありません。ボランティアは当然、定年退職した人がやるものということになる。

樋口　なるほど。ただ、日本では、年金支給開始年齢以前の高齢者は、ボランティアの労働が収入につながらなければ暮らしていけません。

神野　スウェーデンでは、年金とサービス給付とがセットで高齢者の生活を支えています。高齢者がここまで働くのは日本くらいですよ。高齢者と女性が労働力として狙われている。

樋口　ですが、女性が働くのは当然でしょう？　日本女性の労働力率は北欧などに比べてはるかに低いです。

神野　そうなんですけれど、働くといっても、今は派遣労働など非正規労働者として働かされているでしょう。その問題を何とかしなくてはなりません。

樋口　私は、日本の高齢者の勤労意欲の高さっていうのは、世界一の長寿社会にとっては、決して悪いことではない、長所だと思います。

神野　はい。ですが、スウェーデンでは、高齢者はお金のためではなく、他者を幸福にするためにボランティアで働くのです。労働市場で働く権利は次の世代に譲っていく。年金というのは、世代間連帯のお金なんです。「私に職を譲ってください。その代わり、あなたの老後の生活はちゃんと面倒見ますよ」という世代間連帯のメッセージが込められている。

二〇一〇年にフランスで年金支給開始年齢が六〇歳から六二歳に引き上げられたとき、高校生がストライキに入りました。そのときの世論調査で、七五％の国民が、年金支給開始年齢の引き上げはやむを得ないけれども、高校生の運動は支持すると答えたんですよ。日本人には、なぜ高校生がストライキを打ったのか分からない。

二〇三〇年代を乗り越えるには

樋口　年金については、日本はヨーロッパのような発想とはつくづく違いますね。

年金とともに大問題なのが、介護保険です。高齢者が増えて、介護の総量もすごい勢いで増えていますが、昔はこれを女性が無償で担っていました。現在の介護保険は、その一部分を担っているにすぎません。

人類の根源である家族は、今後も最も基礎的な人間関係であり続けると思います。ですが、今何が起こっているかというと、子どもの数が激減し、その世代が介護役になってきました。

八〇代の私たちも団塊の世代も、合計特殊出生率が平均で四・二以上で生まれましたから、子どもは四人(親の二倍)います。ポスト団塊世代から一〇年で、それが二人に縮小し、家族介護という前提が揺らぎ始める。介護保険の開始時には、要介護の高齢者一人に家族が一人存在し得たのに、今は一人に満たないわけです。それを私は、一人が担うべき介護の総量が増えた「大介護時代」と呼んでいます。

財政問題から、「病院は減らさなきゃならない、特養は増やせない」と政府は言っています。しかし二〇二五年までに七〇万から一〇〇万人介護労働力が不足することが見えているにもかかわらず、このまま社会保障費を削減して、介護が成り立つのでしょうか。介護に当たれる家族も減っているというのに。

神野　樋口先生に怒られるかもしれませんが、私は、そもそも介護は社会保険ではなく租税で運営しないと成り立たないと考えています。市場原理は対価原則で、このサービスにはこれだけ対価を払う、というものです。しかし財政は、対価原則で動かすものではなく、人々が協働し、助け合っていくため等価原則に基づきます。負担の総量と支出の総量がイコールになっても、個々の負担と個々のサービスが対価になるわけではない。

ところが、民間保険は対価原則ではありません。たとえば、火災保険は負担の総量と支出の総量がイコールで等価原則です。そこで対価原則の市場に乗せるため、リスクに応じて負担させるのです。これが保険原理というもので、リスクを計算して、リスクに応じて負担させることによって成り立たせるわけです。社会保険は民間保険ではないのですから、財政の原理で運営しなくてはいけない。リスクを計算に入れるべきものではないのです。ところが、介護保険は、リスクを計算に入れている。保険料を支払うのは四〇歳以上です。さらに、六五歳以上の人間は要介護になるリスクが高いとして、保険料を高くする。つまり、介護保険には保険原理が入り込んでいるのです。

樋口 医療保険も同じではありませんか。七五歳以上を後期高齢者として別枠に括り、税金を投じていますが。

神野 後期高齢者を別枠にするという仕組みは持続しないでしょう。介護保険も同様です。

樋口 どうすれば社会保障にもっと税金を投入する政府ができるか、それが前提です。このままでは医療も崩壊すると思います。社会保障も、たとえは悪いが「大東亜戦争」。二〇五〇年の前に、二〇三〇年代、つまり団塊の世代が、今の私よりも高齢になる頃に、介護保険も医療保険も崩壊し、日本は第二の敗戦の日を迎えると考えています。二〇三〇年代には野垂れ死にならぬ「家垂《や》れ死に」する高齢者ばかりになり、日本は介護と医療における敗戦の日を迎える。

二〇三〇年代を乗り越えることができたら、二〇五〇年の展望も開けてくると思います。二〇三〇年代を乗り越えるには、別枠での財政の出動が必要です。国民の連帯も不可欠です。

家族なき時代の政府の役割

神野　おっしゃるとおりです。そのためには、先ほども言いましたように、租税負担を上げて行くしかありません。

ここで日本とＯＥＣＤの租税負担率（ＧＤＰ比）の推移を見てみましょう（表1、2）。ＯＥＣＤの平均では、租税負担率を上げています。個人所得課税、法人所得課税、そこに消費税が加わって、この三つを合わせて引き上げていった。

日本は、租税負担率が非常に低かったので、福祉元年（一九七三年）以降、租税負担率をどんどん上げてきたわけです。ところが、一九九〇年を境に激減していく。しかも、そのときに消費税を導入しています（導入は一九八九年）。つまり、所得税と法人税を減らすために消費税を入れているんです。

樋口　今回の消費税率引き上げの目的も同じだったのではありませんか。

神野　そうなんです。政府税制調査会で私は、法人税減税に抵抗しましたが、官邸の意向には抵抗できない。増税はしたものの、生活を支えるサービスが充実しなければ、もう二度と増税できないと言ったのですが、結局法人税は引き下げられてしまった。

樋口　私は保険と税金のミックスでもいいと思っていますが、介護を支えなければ、社会の脆弱性が増すだけです。ワーク・ライフ・バランスだけでなく、ワーク・ライフ・アンド・ケア・バランスが成り立つような社会を二〇五〇

表1　日本の租税負担率(GDP比)の推移　(%)

	1965	1970	1975	1980	1985	1990	1995	2000	2005	2007
所得課税	8.0	9.4	9.3	11.7	12.5	14.6	10.3	9.4	9.3	10.3
個人所得課税	3.9	4.2	5.0	6.2	6.8	8.1	6.0	5.7	5.0	5.5
法人所得課税	4.0	5.2	4.3	5.5	5.7	6.5	4.3	3.7	4.3	4.8
財産課税	1.5	1.5	1.9	2.1	2.7	2.7	3.3	2.8	2.6	2.5
消費課税	4.5	4.1	3.1	3.6	3.3	3.5	3.7	4.6	4.7	4.5
一般消費税	—	—	—	—	—	1.3	1.5	2.4	2.6	2.5
個別消費税	4.5	4.1	3.1	3.6	3.3	2.2	2.2	2.1	2.1	2.0
租税負担率	14.2	15.2	14.8	18.0	19.1	21.4	17.9	17.5	17.3	18.0
社会保障負担	4.0	4.4	6.0	7.4	8.3	7.7	9.0	9.5	10.1	10.3
被用者負担	1.3	1.7	2.2	2.6	3.0	3.1	3.7	4.0	4.4	4.5
事業主負担	1.7	2.3	3.2	3.8	4.2	3.7	4.3	4.4	4.6	4.7
国民負担率	18.2	19.6	20.8	25.4	27.4	29.1	26.8	27.0	27.4	28.3

出所）OECD, *Revenue Statistics*, 1965-2008, 2009.

表2　OECD加盟国の租税負担率(GDP比)の推移　(%)

	1965	1970	1975	1980	1985	1990	1995	2000	2005	2007
所得課税	9.0	10.2	11.2	11.9	12.2	12.9	12.4	13.1	12.8	13.2
個人所得課税	7.0	8.1	9.3	10.1	10.1	10.4	9.7	9.6	9.2	9.4
法人所得課税	2.2	2.3	2.2	2.3	2.6	2.6	2.7	3.6	3.7	3.9
財産課税	1.9	1.9	1.7	1.6	1.7	1.9	1.8	1.9	1.9	1.9
消費課税	9.1	9.3	8.8	9.3	9.9	9.9	10.5	10.5	10.6	10.3
一般消費税	3.3	4.0	4.2	4.6	5.2	5.9	6.1	6.6	6.8	6.7
個別消費税	5.8	5.3	4.7	4.6	4.7	4.1	4.3	3.9	3.7	3.5
租税負担率	20.9	22.3	22.8	23.8	24.9	25.9	25.8	26.9	26.6	26.7
社会保障負担	4.6	5.2	6.5	7.1	7.6	7.8	8.9	9.1	9.1	9.1
被用者負担	1.5	1.7	2.0	2.3	2.5	2.7	3.0	3.1	3.1	3.1
事業主負担	2.6	3.0	4.1	4.6	4.7	4.7	5.3	5.5	5.5	5.4
国民負担率	25.5	27.5	29.4	30.9	32.6	33.7	34.7	36.0	35.7	35.8

出所）OECD, *Revenue Statistics*, 1965-2008, 2009.

年までにつくらなくては。

それなのに、「社会保障費がまた増えたので、高齢者の地方移住を」というようなニュースがばらまかれています。ですが、人口構成が高齢化しているのですから、そこで国を保っていくにはケアに資金を投入すべきです。

ですから、安全保障費をはじめ、あらゆる費目から少しずつ社会保障費に回していただきたい。神野先生、今度政府税調でおっしゃってください。介護保険も、いきなり税金で、となったら今のような介護の社会化は成り立ちません。

神野 ちゃんと言っています。言っていますが、通じない。

いずれにしても、社会保障が先進諸国で岐路に立たされている重要な原因は恐らく三つあります。

一つ目は、賃金率です。経済成長が停滞したと言ってもいいかもしれません。これが社会保障負担の減少につながっています。

二つ目は、人口構造が変化し始めたということです。これはもう否定しがたい事実です。

三つ目は、社会の世代間連帯が失われつつあることです。これまでは、家族内で、高齢者の面倒を見、かつ子どもを育てる、つまり、家族内連帯のおかげで、人間という種の命の鎖がつながってきた。ところが、家族の機能が縮小し、家族そのものも失われているので、こうした家族の絆による連帯だけでは、社会を支えられなくなってきています。

樋口 ファミリーレス社会、つまりファミレス社会なんです。

神野 ええ。だから連帯を社会化しようとした。つまり、家族内の世代間連帯が困難になっているから、それを社会化したのが社会保障だということが、理解されなくなっています。社会保障が成り立たなくなれば、ケアは結局家族に戻されます。

樋口 ですが、家族がいない。

神野 家族で支えきれないから社会化したのに、また戻せるわけはありません。そうすると、高齢者を抱えていない家族も、子どものいない家族も、高齢者や子どものために連帯して負担しなければ社会が成り立ちません。

樋口 そうですね。

若林 樋口先生の問題提起で始まった二〇三〇年問題をめぐる議論は、二〇五〇研究会が意図的に避けてきた点を補完するものでした。ボランタリーなセクターが社会を支えようとするのはいいけれども、それだけで日本が持続可能か、ということです。

やはり財政の出動が必要で、政治が関わらなければ解決できない問題があるという指摘は重要です。その意味で、充実した座談会になったと思います。

神野 インフォーマルセクターやボランタリーセクターが活動して、それでカバーできないところはすべて政府が責任を持たなくてはなりません。

樋口 そのときには、インフォーマルセクターやボランタリーセクターが、手足でなく、アタマにおいても基本になってほしいです。

若林 特に、人間が人間として認められることが大切です。ただ年金が支払われればいいのではない。人々が自発的に参画できる場があるということが大切です。二〇五〇研究会はその一つのビジョンを示すことができたのではないかと思っています。ありがとうございました。

【参考文献】

神野直彦(二〇一五)「人口減少に脅えるな　ルールは変わった」時事通信社編『全論点　人口急減と自治体消滅』

おわりに

若林靖永
藤井晴夫

二〇五〇研究会(公益財団法人生協総合研究所)を立ち上げた際にいくつかの長期予測について調べてみた。その中の一冊、『成長の限界』の著者であるヨルゲン・ランダースによる『二〇五二　今後四〇年のグローバル予測』(野中香方子訳、日経BP社、二〇一三年)は、今後の世界について包括的に予測している。世界の人口はどうなるか、経済はどうなるか、エネルギー消費はどうなるか、二酸化炭素の排出量、気候変動はどうなるか、食料はどうなるか、格差はどうなるか、戦争はどうなるか、精神はどうなるか、といった多面的な問いに対して、各分野の専門家のレポートをふまえて答えようとするものである。

ランダースは言う。

「問題の発見と認知」には時間がかかり、「解決策の発見と適用」にも時間がかかる。その最初の段階である問題の発見と認知が遅れたために、人類はその数においても物理的影響においても、地球の収容能力を超えてしまったのだ。そのような遅れは、私たちが「オーバーシュート(需要超過)」と呼ぶ状態を招く。オーバーシュートはしばらくの間なら持続可能だが、やがて基盤から崩壊し、破綻する。魚の乱獲を続けると、魚がいなくなるように。

いったんオーバーシュートの状態に陥ると、持続可能な世界へ戻る道は二つしかない。つまり、しかるべき解決策(例えば、養殖漁業への転向)を導入して「管理された衰退」に向かうか、あるいは、崩壊するか(例えば、魚を食べることも漁師という暮らしもあきらめる。一九九二年以降、カナダ・ニューファンドランド島の漁師の多くがそうしたように)。オーバーシュートを続けることは不可能なのだ。もしそれを続けようとすれば、たちまち厄介な問題がいくつも持ち上がる。そうした問題に促され、人々は新たな解決策を模索し始めるが、「解決策の発見と適用」にも時間がかかり、解決策が見つからないまま一〇年ぐらいたつことも珍しくない。したがって、基盤がまだぐらついていない時期に問題の存在に気づいても、解決策が見つかるまでに魚を獲りつくしてしまう可能性は高い。これが、一九七二年の『成長の限界』が人々に伝えようとしたメッセージだった。

(同、五ページ)

確かにそうである。ランダースらが四〇年ほど前に問題提起を行ったにもかかわらず、多くの人々は問題の存在を認めず、またそれを認めた後の解決策の合意にも多くの時間がかかっている。地球温暖化対策も同様である。一歩一歩前進しつつあるとも言えるが、あまりにも遅い歩みとも言える。有効な政策がなかなか打てない。抜本的な対策を打てたとしても、すでに遅すぎて、すぐには回復できない状況に陥っている。

問題は構造的な変化が引き起こしているものであるので、これまでの政策、制度、仕組み、仕掛けはもはや有効ではないどころか、悪影響をもたらしている。容易ではないとしても、大きなシステムを変えることが必至なのである。

本書の「座談会」で神野直彦先生が強調されたことの一つが、「人口停止が必ずしも人間的進歩の停止を意味するものではない」、「人口減少社会になったので人口を増やさなくてはならないのではなく、人口減少社会になったので、いよいよ本当に人間的な社会をつくる方向に舵を切っていかなくてはならない」というように、人口減少そのものを問題だととらえるべきではないという点である。人口減少が問題なのではなくて、人口減少社会にふさわしい、新しい社会の設計を行うべきであり、転換が求められているのである。

私たちは戦後の高度経済成長を支えてきた制度、価値観などをまだまだ多く引きずっている。これらはすでに有効性を失っており、逆に少子高齢化・人口減少社会への対応を妨げている「張本人」であるという見方をしなくてはならない。新しい発想、新しいシステムが必要である。

本研究会メンバーの樋口恵子先生は『大介護時代を生きる――長生きを心から喜べる社会へ』(中央法規出版、二〇一二年)の中で、「いまいう大介護時代の総力戦は、人間の命を支えるための総力戦である。戦火に多くの人命が失われ、そのうえにやっと平和を築き、経済を成長させた。平和と豊かさの結実である長寿を支える総力戦である。お互いに性の違い・多様な背景をもつ存在であることを認め合い、論争し合い、いろんな方法を競い合う総力戦である。異論同士が反応し合い、より大きな成果が得られることを期待できる。人類未踏の長寿社会――人生一〇〇年社会のモデルを、世界に先駆けて示すことができる。なんと千載一遇の時代との出合いではないか。平和を尊び、生命をいとおしむ、まことに人間らしい総力戦。老いも若きも、男も女も参画しようではないか」(同、七七ページ)と述べている。これからさらに多くの要介護者があふれる時代が来て、介護従事者がまったく不足する状況が生まれる。それをいかに乗り切るか、老いも若きも、男も女も、とにかく総力を挙げて取り組まざるをえない。このような新しい社会をつくっていく取り組みは、私たちみなの課題であり、人類史的に見て意義のある闘い、挑戦なのである。

「おわりに」を書いている時期に出版された『保育園義務教育化』(古市憲寿著、小学館、二〇一五年)などは、そういう構想力を持った提案である。現在の保育園は、共働きや介護などで親が養育できない場合のみに措置されるものであり、それでも実際の需要に対して不足している。そのため、子どもを持つと安心して働き続けられず、それが少子化の一因となっている。

さらに、ノーベル経済学賞受賞者のジェームズ・J・ヘックマンの研究(『幼児教育の経済学』古草秀子訳、東洋経済新報社、二〇一五年)によれば、就学前教育は、それ以降の教育よりも教育投資の効果が高いこと、幼少期の介入によってセルフ・コントロール力等の非認知的能力が形成され、成人後の成功を大きく左右すること、幼少期での家庭内暴力や虐待やネグレクトなどは成人後にも大きな悪影響をもたらしていることが明らかとなっている。日本でも、親の貧困が「子どもの貧困」をもたらしていることが大きな課題となっている。親が安心して働き続けることができ、所得による幼児期の不平等も大きく改善されれば、結果として少子化対策にもなるし、多くの子どもが、成人後、社会的に問題を引き起こさず、幸せに暮らしていけるようになるという解決策が「保育園義務教育化」である。

このように、大きなシステムを変えることで積極的に新しい未来を創造することができるはずである。本書は、大きなシステムを変えるために、その契機となる小さなシステムをつくって育てることを提案した。生協による「集いの館」構想、それ自体は小さなシステムであるが、これらが日本全国の小学校区全体に広がり、それがプラットフォームとなって、地域の住民や団体、企業、行政とのネットワークがつくられていけば、それは新しい大きなシステムの一つとなるだろう。それぞれの地域の実情、地域の関係者の個性が尊重されることで、「集いの館」は各地で独自の発展を遂げていくだろう。そのような自律的で自己組織化していく「場」を作り出すのである。

小さな一歩だが、確実な一歩を歩んでいきたい——未来のために。

【執筆者紹介】(執筆順)

藤井晴夫(ふじい はるお)

1948年生まれ．元生協総研研究員．『危機に立ち向かうヨーロッパの生協に学ぶ』(共著，コープ出版，2010年)ほか．

前田展弘(まえだ のぶひろ)

1971年生まれ．ニッセイ基礎研究所生活研究部主任研究員，東京大学高齢社会総合研究機構客員研究員．『持続可能な高齢社会を考える——官民の「選択と集中」を踏まえた対応』(共著，中央経済社，2014年)ほか．

宮本みち子(みやもと みちこ)

1947年生まれ．放送大学副学長，千葉大学名誉教授．社会学博士．『若者が無縁化する——仕事・福祉・コミュニティでつなぐ』(筑摩書房，2012年)ほか．

松田妙子(まつだ たえこ)

1969年生まれ．NPO法人「せたがや子育てネット」代表理事．『よくわかる子育て支援・家庭援助論』(ミネルヴァ書房，2014年)ほか．

白鳥和生(しろとり かずお)

1967年生まれ．日本経済新聞社編集局調査部次長，國學院大學経済学部非常勤講師．『ようこそ小売業の世界へ——先人に学ぶ商いのこころ』(共著，商業界，2015年)ほか．

神野直彦(じんの なおひこ)

1946年生まれ．東京大学名誉教授，政府税制調査会会長代理．『「分かち合い」の経済学』(岩波書店，2010年)ほか．

若林靖永

1961 年生まれ．京都大学経済学部卒業，京都大学大学院経済学研究科修士課程修了，同博士後期課程単位取得退学．博士(経済学)．現在，京都大学経営管理大学院教授，京都大学大学院経済学研究科教授．著書に『顧客志向のマス・マーケティング』(同文舘出版，2003 年)などがある．

樋口恵子

1932 年生まれ．東京大学文学部美学美術史学科卒業，東京大学新聞研究所本科修了．時事通信，学研，キヤノン勤務などを経て評論活動に入り，東京家政大学教授に就任．現在，NPO 法人「高齢社会をよくする女性の会」理事長，東京家政大学女性未来研究所所長．著書に『大介護時代を生きる——長生きを心から喜べる社会へ』(中央法規出版，2012 年)などがある．

2050 年 超高齢社会のコミュニティ構想

2015 年 8 月 25 日　第 1 刷発行
2016 年 4 月 26 日　第 4 刷発行

編　者　若林靖永《わかばやしやすなが》　樋口恵子《ひぐちけいこ》

発行者　岡本　厚

発行所　株式会社　岩波書店
〒101-8002 東京都千代田区一ツ橋 2-5-5
電話案内 03-5210-4000
http://www.iwanami.co.jp/

印刷・精興社　製本・三水舎

ISBN 978-4-00-061063-6　Printed in Japan